Tle BAC PRO

Cahier de français

Le jeu : futilité, nécessité

- **Michèle Sendre-Haïdar,**
  inspectrice de l'Éducation nationale
- **Françoise Abjean,**
  professeure de lycée professionnel
- **Bruno Girard,**
  inspecteur de l'Éducation nationale
- **Florian Seuzaret,**
  professeur de lycée professionnel

Programme limitatif 2021-2023 Spécial BAC

FOUCHER

Pour préparer l'épreuve de français du bac pro, aidez-vous des tutos de Zoé et Yanis !

- L'épreuve écrite du bac pro en français
- La formulation des consignes
- Les questions d'examen sur les documents
- Le corpus et la question de confrontation
- La rédaction d'une démonstration nuancée
- Les arguments et les exemples dans un argumentaire
- Les erreurs et maladresses en expression écrite
- Les critères d'évaluation de l'épreuve écrite
- L'oral de contrôle

›› En + Rédiger son projet de formation motivé sur Parcoursup

vidéo
Sommaire des tutos.
foucherconnect.fr/21fc00

Conception de maquette
Christine Masson

Mise en page
Ici & ailleurs

Iconographie
Nelly Gras
Hatier Illustration

Relecture
Anne Rémond

ISBN 978-2-216-16187-4

Sommaire

Séquence 1 — SCÈNES DE JEUX ET JEUX DE SCÈNE

GROUPEMENT

Séquence 2 — *CORNICHE KENNEDY*, de Maylis de Kerangal, 2008

PARCOURS DANS L'ŒUVRE

BRUCE BÉGOUT
ZÉROPOLIS
WELCOME
TO Fabulous
ZEROPOLIS
NEVADA
ALLIA

Séquence 1

Scènes de jeux et jeux de scène

Pourquoi éprouve-t-on le besoin de jouer ?

GROUPEMENT

« Il faut jouer pour devenir sérieux »
ARISTOTE

« Ça me serait égal d'être un pion, dit Alice, pourvu que je puisse prendre part au jeu... mais naturellement, je préfèrerais être une Reine ! »
LEWIS CARROLL

« Rouge, cria le croupier. Je repris mon souffle, des fourmis brûlantes me couraient sur tout le corps... »
FIODOR DOSTOÏEVSKI

« La vie est un jeu de cartes dont le cœur n'est jamais l'atout. »
MARCEL ACHARD

Personne déguisée pour le carnaval de Venise dont les origines remontent au Moyen Âge.

Vos premières réactions

1. Quels mots associez-vous au terme « jeu » ? Complétez le nuage, puis échangez.

2. Quels genres de jeu présentent la photo et certaines citations ? Quelles citations sont plus philosophiques ? Expliquez-les oralement et discutez-en.

3. Et vous, jouez-vous ? À quoi ? Comment ? Pourquoi ? Débattez de vos expériences.

1 Des jeux de séduction au théâtre

Dans cette célèbre scène de Molière dont voici un extrait, Dom Juan, un noble espagnol, rencontre une paysanne qui lui plaît beaucoup...

Loïc Corbery (Dom Juan) et Julie Sicard (Charlotte) dans *Dom Juan ou le Festin de Pierre*, mise en scène de Jean-Pierre Vincent, Comédie-Française, 2012.

Acte II, scène 2

Dom Juan, Charlotte, Sganarelle
(le domestique de Dom Juan)

[...]

Dom Juan. – Ah ! la belle personne, et que ses yeux sont pénétrants !

Charlotte. – Monsieur, vous me rendez toute honteuse.

Dom Juan. – Ah ! n'ayez point de honte d'entendre dire vos vérités. Sganarelle, qu'en dis-tu ? Peut-on rien voir de plus agréable ? Tournez-vous un peu, s'il vous plaît. Ah ! que cette taille est jolie ! Haussez un peu la tête, de grâce. Ah ! que ce visage est mignon ! Ouvrez vos yeux entièrement. Ah ! qu'ils sont beaux ! Que je voie un peu vos dents, je vous prie. Ah ! qu'elles sont amoureuses, et ces lèvres appétissantes ! Pour moi, je suis ravi, et je n'ai jamais vu une si charmante personne.

Charlotte. – Monsieur, cela vous plaît à dire, et je ne sais pas si c'est pour vous railler[1] de moi.

Dom Juan. – Moi, me railler de vous ? Dieu m'en garde ! je vous aime trop pour cela, et c'est du fond du cœur que je vous parle.

Charlotte. – Je vous suis bien obligée[2], si ça est.

Dom Juan. – Point du tout ; vous ne m'êtes point obligée de tout ce que je dis, et ce n'est qu'à votre beauté que vous en êtes redevable.

Charlotte. – Monsieur, tout ça est trop bien dit pour moi, et je n'ai pas d'esprit pour vous répondre. [...]

Dom Juan. – Et dites-moi un peu, belle Charlotte, vous n'êtes pas mariée, sans doute ?

Charlotte. – Non, Monsieur ; mais je dois bientôt l'être avec Piarrot, le fils de la voisine Simonette.

Dom Juan. – Quoi ! une personne comme vous serait la femme d'un simple paysan ? Non, non, c'est profaner[3] tant de beautés, et vous n'êtes pas née pour demeurer dans un village. Vous méritez sans doute une meilleure fortune[4], et le Ciel[5], qui le connaît bien, m'a conduit ici tout exprès pour empêcher ce mariage, et rendre justice à vos charmes ; car enfin, belle Charlotte, je vous aime de tout mon cœur, et il ne tiendra qu'à vous que je vous arrache de ce misérable lieu, et ne vous mette dans l'état[6] où vous méritez d'être. Cet amour est bien prompt sans doute ; mais quoi ! c'est un effet, Charlotte, de votre grande beauté, et l'on vous aime autant en un quart d'heure, qu'on ferait une autre en six mois.

Molière, *Dom Juan ou le Festin de pierre*, 1665. Acte II, scène 2.

1. Moquer.
2. Je vous en remercie. Formule de politesse au XVIIe siècle.
3. Porter atteinte. Terme religieux.
4. Destin. Langue du XVIIe siècle.
5. Dieu.
6. Situation sociale. Langue du XVIIe siècle.

Découvrir

1. Avant de lire le texte, dites ce qu'est pour vous un Don Juan.

2. Quel peut être le lien entre ce personnage et le thème du jeu ?

....

....

3. Votre lecture et la photo confirment-elles vos impressions ? ❍ Oui ❍ Non

Analyser

4. Les tirades de Dom Juan et son jeu de séduction.

a. Renseignez le tableau.

	Tirade 1 (l. 4 à 11)	Tirade 2 (l. 24 à 32)
• À qui parle Dom Juan ?		
• De quoi ?		
• Dans quels buts (officiel et caché) ?		
• Avec quelle stratégie ?	❍ En cherchant à la persuader. ❍ En cherchant à la convaincre.	❍ En cherchant à la persuader. ❍ En cherchant à la convaincre.
• Avec quels procédés oratoires dominants ? Donnez si possible des exemples.	– Le lexique : – Les types de phrases :	– Le lexique : – Autres procédés :

b. Soulignez dans les tirades les clichés du discours amoureux.

5. Les répliques de Charlotte. Caractérisez-les.

a. Leur longueur :

b. Sa manière de parler :

Le jeu théâtral

• Le jeu théâtral fait incarner par des comédiens les personnages « de papier » de la pièce, ce qui permet au public de s'**identifier**.

• Cette identification rend ainsi possible un **effet cathartique** qui « libère » les spectateurs de leurs passions.

• Le théâtre a également pour fonction de **plaire** et **instruire** par le contenu du spectacle et le jeu des acteurs : gestuelle, mimiques, diction, costumes…

Interpréter

6. Les relations entre ces deux personnages.

a. Qui domine ? Pourquoi ?

b. Qui est dominé ? Pourquoi ?

7. La réception de la scène et son effet cathartique. Ont-ils évolué ?

a. Pour le public de Molière au XVIIe siècle :

b. Pour le public d'aujourd'hui :

8. À vous de jouer ! Comment mettriez-vous en scène l'extrait ? Pour l'interpréter, inversez éventuellement les rôles : une fille jouerait Dom Juan et un garçon Charlotte. Discutez ensuite des effets produits.

2 Un poème en prose et un dessin sur des jouets

doc. A « Le joujou du pauvre » de Charles Baudelaire

Je veux donner l'idée d'un divertissement innocent[1]. Il y a si peu d'amusements qui ne soient pas coupables ! [...]

Sur une route, derrière la grille d'un vaste jardin, au bout duquel apparaissait la blancheur d'un joli château frappé par le soleil, se tenait un enfant beau et frais, habillé de ces vêtements de campagne si pleins de coquetterie.

Le luxe, l'insouciance et le spectacle habituel de la richesse, rendent ces enfants-là si jolis, qu'on les croirait faits d'une autre pâte que les enfants de la médiocrité ou de la pauvreté.

À côté de lui, gisait sur l'herbe un joujou splendide, aussi frais que son maître, verni, doré, vêtu d'une robe pourpre, et couvert de plumets et de verroteries. Mais l'enfant ne s'occupait pas de son joujou préféré, et voici ce qu'il regardait :

De l'autre côté de la grille, sur la route, entre les chardons et les orties, il y avait un autre enfant, sale, chétif, fuligineux[2], un de ces marmots-parias dont un œil impartial[3] découvrirait la beauté, si, comme l'œil du connaisseur devine une peinture idéale sous un vernis de carrossier, il le nettoyait de la répugnante patine[4] de la misère.

À travers ces barreaux symboliques séparant deux mondes, la grande route et le château, l'enfant pauvre montrait à l'enfant riche son propre joujou, que celui-ci examinait avidement comme un objet rare et inconnu. Or, ce joujou, que le petit souillon agaçait, agitait et secouait dans une boîte grillée, c'était un rat vivant ! Les parents, par économie sans doute, avaient tiré le joujou de la vie elle-même.

Et les deux enfants se riaient l'un à l'autre fraternellement, avec des dents d'une égale blancheur.

Charles Baudelaire, « Le joujou du pauvre », in *Le Spleen de Paris*, 1869.

1. Simple, pur, sans péché possible.
2. Presque noir, comme la suie.
3. Sans jugement préconçu, sans *a priori*.
4. Couche, dépôt.

doc. B Dessin de Pawel Kuczyński

La Petite Voiture, dessin de Pawel Kuczyński, 2008.

Découvrir

1. Lisez le texte et observez le dessin. Dites pourquoi ils ont été réunis.

2. Entourez dans le poème les phrases qui vous ont marqué(e). Discutez-en si possible.

3. Le poète et le dessinateur défendent-ils la même idée sur les jeux et les jouets des enfants ? Répondez oralement.

Analyser

4. Doc. **A** **La construction du poème en prose.** Séparez par des accolades les quatre parties du poème.

5. Doc. **A** **Les enfants, leur environnement et leur jouet.** Complétez le tableau à l'aide de courtes citations opposées, tirées du poème.

	L'enfant riche	L'enfant pauvre
Environnement		
Physique		
Habits		
Jouets		

6. Doc. **A** **L'écriture poétique de Baudelaire.** Caractérisez-la.

a. Expliquez pourquoi le poème est un texte en prose non versifié.

b. Surlignez l'expression qui désigne la frontière entre les deux espaces des enfants. Commentez le terme « symboliques » utilisé par le poète.

c. Identifiez l'image poétique suivante : « la patine de la misère » (l. 14).
❍ Une comparaison. ❍ Une métaphore.

Interpréter

7. Doc. **A** **Les commentaires du poète.** Soulignez-les, puis reformulez l'opinion de Charles Baudelaire sur les jouets pour les enfants.

Les jouets

- Les jouets **nourrissent l'imaginaire** des enfants. Improvisés ou sophistiqués, ils se métamorphosent selon les intentions des joueurs.
- Un jouet est également une **représentation de la société des adultes**, de leurs relations et de la culture où il est créé.
- Indépendamment de ces fonctions symboliques, le jouet est également un **produit marketing** soumis à des modes.

Confronter

8. Doc. **B** **Avec le dessin de Pawel Kuczyński.**

a. Que dénoncent en commun le poète et le dessinateur ?

b. En quoi cependant le regard du dessinateur sur les jouets diffère-t-il ?

c. Et vous, qu'en pensez-vous ? Le jeu dépasse-t-il les frontières sociales ? Débattez !

3 Trois jeux surréalistes

doc. A Le jeu des « cadavres exquis »

Beau comme « la rencontre fortuite d'une machine à coudre et d'un parapluie sur une table de dissection ». Telle est la citation du poète Lautréamont qui a donné naissance au siècle suivant au surréalisme. Formalisé et pratiqué dès 1920, ce jeu laisse toute sa place au hasard.

« *CADAVRE EXQUIS.* – Jeu de papier plié qui consiste à faire composer une phrase ou un dessin par plusieurs personnes, sans qu'aucune d'elles puisse tenir compte de la collaboration ou des collaborations précédentes. L'exemple, devenu classique, qui a donné son nom au jeu, tient dans la première phrase obtenue de cette manière : *Le cadavre-exquis-boira-le-vin-nouveau.* »

André Breton, Paul Éluard, *Dictionnaire abrégé du surréalisme*, 1938, © José Corti.

Cadavre exquis d'André Breton, Jacques Hérold, Wifredo Lam, 1940. Paris, Centre Pompidou, Musée national d'art moderne, Centre de création industrielle.

doc. B L'écriture automatique sous hypnose

« Placez-vous dans l'état le plus passif ou réceptif que vous pourrez... écrivez-vite sans sujet préconçu, assez vite pour ne pas vous retenir et ne pas être tenté de vous relire. »

André Breton, *Manifeste du surréalisme*, 1924, © Pauvert, département de la Librairie Arthème Fayard, 1962 & 1979.

Un exemple de poème

« Nul n'a jamais conquis le droit d'entrer
en maître
Dans la ville concrète où s'accouplent
les dieux,
Il voudrait réinventer ces luxures
abstraites
Et des plantes doigts morts au centre
de nos yeux [...] »

Robert Desnos, texte dicté à André Breton le 28 septembre 1922.

doc. C Une carte à jouer surréaliste

En 1941, fuyant le régime de Vichy, des surréalistes, dont André Breton, se réfugient à Marseille avant de partir pour New York. Ils imaginent de nouvelles cartes qu'ils appellent « le jeu de Marseille ». Chaque joueur, après avoir tiré une carte, choisit une personnalité et la redessine. Ci-dessous, un hommage à Freud.

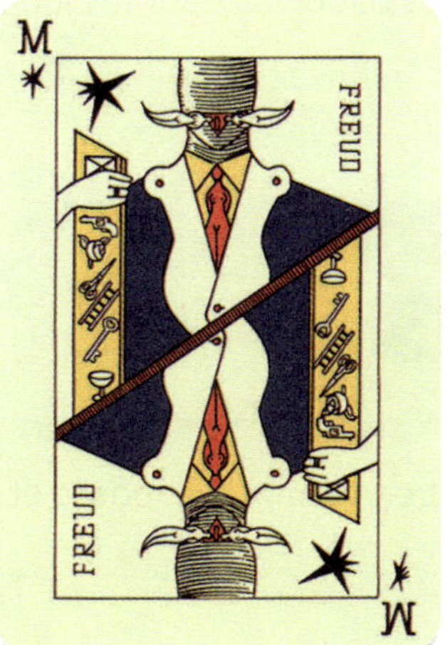

vidéo
Épisode de l'émission *D'art d'art* sur le jeu de Marseille.
foucherconnect.fr/21fc01

Le jeu de Marseille, « Freud, mage de rêve – étoile ». Dessin d'Oscar Dominguez (1906-1957).

Découvrir

1. Observez les jeux des artistes surréalistes et échangez vos premières impressions.
2. Pourquoi, selon vous, ces créateurs ont-ils qualifié leur mouvement de « surréaliste » ?

Analyser

3. Le jeu des cadavres exquis. Présentez-le.

a. Expliquez ce qui surprend dans le titre du jeu et identifiez la figure de style utilisé.

....

....

La figure de style est : ❍ une métaphore ❍ un oxymore ❍ une comparaison.

b. Justifiez ce titre en vous appuyant sur la règle du jeu.

....

....

c. En quoi le dessin illustre-t-il le même procédé ?

....

....

Le jeu et l'imaginaire surréaliste

- Les artistes surréalistes se veulent en **rupture** avec les canons esthétiques et les démarches réalistes de certains de leurs aînés.
- Ils recherchent un **nouvel imaginaire** en laissant libre cours aux **associations d'idées et de formes** nées de l'inconscient, comme le pratique la **psychanalyse**.

4. L'écriture automatique sous hypnose. Caractérisez-la.

a. Soulignez, dans la définition d'André Breton, les termes importants. En quoi ce genre d'écriture s'oppose-t-il aux écrits scolaires ?

....

....

b. Que signifie être en état d'hypnose ?

....

....

c. En quoi le texte dit par Robert Desnos sous hypnose et retranscrit par André Breton suggère-t-il une écriture automatique ?

....

....

....

5. La carte à jouer surréaliste.

a. Lisez la présentation de Freud et soulignez, dans ses méthodes, ce qui peut s'apparenter aux démarches des artistes surréalistes.

> SIGMUND FREUD (1856-1939) est un neurologue autrichien, fondateur de la psychanalyse. Il s'est appuyé sur l'hypnose, l'association libre des pensées et le récit des rêves afin que ses patients puissent exprimer leurs traumatismes refoulés dans leur inconscient et s'en libèrent.

b. En quoi le dessin de la carte est-il à sa manière surréaliste ?

....

....

....

Interpréter

6. En vous aidant de l'encadré et des documents, trouvez les huit mots qui caractérisent la création artistique des surréalistes. Aidez-vous de la première lettre de chaque terme.

• A	• É	• H	• P ....
• C	• H	• I	• R ....

7. Selon vous, pourquoi les procédés des artistes surréalistes peuvent-ils être qualifiés de jeu ? Échangez vos réponses oralement.

4 Une fiction sur des jeux d'enfants

1. Très pâle, livide.
2. Qui émeut.
3. Sourire grimaçant de méchanceté.

PAUVRE PETIT GARÇON !

Comme d'habitude, Mme Klara emmena son petit garçon, cinq ans, au jardin public, au bord du fleuve. Il était environ trois heures. La saison n'était ni belle ni mauvaise, le soleil jouait à cache-cache et le vent soufflait de temps à autre, porté par le fleuve.

On ne pouvait pas dire non plus de cet enfant qu'il était beau, au contraire, il était plutôt pitoyable même, maigrichon, souffreteux, blafard, presque vert, au point que ses camarades de jeu, pour se moquer de lui, l'appelaient Laitue. Mais d'habitude les enfants au teint pâle ont en compensation d'immenses yeux noirs qui illuminent leur visage exsangue[1] et lui donnent une expression pathétique[2]. Ce n'était pas le cas de Dolfi ; il avait de petits yeux insignifiants qui vous regardaient sans aucune personnalité.

Ce jour-là le bambin surnommé Laitue avait un fusil tout neuf qui tirait même de petites cartouches, inoffensives bien sûr, mais c'était quand même un fusil ! Il ne se mit pas à jouer avec les autres enfants car d'ordinaire ils le tracassaient, alors il préférait rester tout seul dans son coin, même sans jouer. [...]

Mais cette fois lui aussi était venu avec un fusil. [...]

Alors ils lui expliquèrent comment ils allaient faire la guerre ce jour-là. Il y avait l'armée du général Max qui occupait la montagne et il y avait l'armée du général Walter qui tenterait de forcer le passage. Les montagnes étaient en réalité deux talus herbeux recouverts de buissons ; et le passage était constitué par une petite allée en pente. Dolfi fut affecté à l'armée de Walter avec le grade de capitaine. Et puis les deux formations se séparèrent, chacune allant préparer en secret ses propres plans de bataille. [...]

Au même moment, de l'autre côté du fleuve invisible, passa une fanfare militaire. Les palpitations émouvantes de la trompette pénétrèrent comme un flot de vie dans le cœur de Dolfi qui serra fièrement son ridicule petit fusil et se sentit appelé par la gloire.

« À l'attaque, les enfants ! » cria-t-il, comme il n'aurait jamais eu le courage de le faire dans des conditions normales.

Et il se jeta en courant dans la petite allée en pente.

Au même moment un éclat de rire sauvage éclata derrière lui. Mais il n'eut pas le temps de se retourner. Il était déjà lancé et d'un seul coup il sentit son pied retenu. À dix centimètres du sol, ils avaient tendu une ficelle.

Il s'étala de tout son long par terre, se cognant douloureusement le nez. Le fusil lui échappa des mains. Un tumulte de cris et de coups se mêla aux échos ardents de la fanfare. Il essaya de se relever mais les ennemis débouchèrent des buissons et le bombardèrent de terrifiantes balles d'argile pétrie avec de l'eau. Un de ces projectiles le frappa en plein sur l'oreille le faisant trébucher de nouveau. Alors ils sautèrent tous sur lui et le piétinèrent. [...]

« Allons, Dolfi, viens te changer ! » fit la mère en colère, et elle le traîna énergiquement à la maison.

Alors le bambin se remit à sangloter à cœur fendre, son visage devint subitement laid, un rictus[3] dur lui plissa la bouche.

« Oh ! ces enfants ! quelles histoires ils font pour un rien ! s'exclama l'autre dame agacée en les quittant. Allons, au revoir, madame Hitler ! »

Dino Buzzati, « Pauvre petit garçon ! », in *Le K*, *Il Colombe* (titre original), © Arnoldo Mondadori Editore, 1966. Traduction française : Éditions Robert Laffont, S.A., Paris, 1967.

Découvrir

1. Lisez tout le texte et dites ce qui vous a surpris.
2. Expliquez pourquoi.

Analyser

3. Les étapes de l'histoire. Séparez-les par des accolades et titrez-les.

4. Les personnages principaux. Présentez-les : identité, caractère, relations entre eux.

Le pauvre petit garçon	Les autres enfants	La mère
....	....	....
....	....	....
....	....	....
....	....	....
....	....	....

5. Les caractéristiques du jeu. Surlignez-les dans le texte en utilisant des couleurs différentes pour créer votre propre légende. Utilisez les items suivants :

[.......] : les objectifs du jeu. [.......] : les éléments du décor. [.......] : les joueurs. [.......] : les jouets.

6. Les conséquences du jeu.

a. Qui a gagné ? Comment ?

....

....

....

b. Qui était en fait l'ennemi ? Pourquoi ?

....

....

....

Le jeu et ses effets psychologiques

- Des psychologues et pédagogues montrent le rôle des jeux dans la construction identitaire de chacun : des apprentissages sensoriels et moteurs pour les petits jusqu'à la socialisation et l'estime de soi pour les plus grands.
- Mais doit-on en conclure que les jeux de l'enfance déterminent la personnalité des adultes ?

Interpréter

7. Les métamorphoses de Dolfi en raison du jeu. Présentez-les en soulignant dans le récit des passages significatifs.

a. Au début du jeu : ....

....

b. À la fin du jeu : ....

....

8. La visée symbolique de la nouvelle. Expliquez-la.

a. Que peuvent représenter implicitement les lieux et l'époque du jeu ?

....

....

b. Dans ce contexte, quels futurs adultes évoquent les joueurs ?

....

....

c. Et vous ? Pensez-vous, comme Dino Buzzati, que les jeux d'enfants peuvent influer sur notre personnalité d'adulte ? Notez vos idées et débattez-en.

....

....

....

Réaliser des joutes oratoires

Votre sujet

Vous venez d'étudier un groupement pour introduire le thème du programme limitatif : « Le jeu : futilité, nécessité ».
Le programme général insiste, quant à lui, sur la nécessité de maîtriser les capacités requises pour bien argumenter et réussir ainsi le sujet d'examen.
Aussi, pour vous échauffer durant ce premier entraînement argumentatif, joutez oralement sur un des sujets de la liste ci-dessous. Suivez, bien évidemment, la règle du jeu proposée.

Qu'est-ce qu'une joute ?

- Au Moyen Âge, ce terme désignait les combats à cheval et à la lance des chevaliers.
- Aujourd'hui, c'est un exercice oratoire où des personnes s'affrontent avec des arguments sur un sujet qui suscite des avis opposés. On utilise souvent ce jeu dans les concours d'éloquence.

Votre documentation

RÈGLE DU JEU

Liste des sujets de joutes

D'accord | Pas d'accord

- ✔ Le choix des jouets doit être genré : soit pour fille, soit pour garçon.
- ✔ Les jeux permettent de gagner de l'argent et de s'enrichir.
- ✔ Les jeux vidéo nuisent aux contacts sociaux.
- ✔ Les jeux écartent de la « vraie » vie.
- ✔ On peut apprendre et réussir scolairement en jouant.
- ✔ Les jeux donnent le goût de la compétition.

1. Par binôme, choisissez ou tirez au sort un des sujets de la liste ci-dessus.
2. Déterminez votre rôle. L'un d'entre vous paraîtra être en accord avec les affirmations de la liste, le second en désaccord. Peu importe ce que vous pensez réellement : pour bien argumenter, il faut savoir aussi formuler les pensées de son adversaire.
3. Préparez ensuite seul(e) – chez vous ou en classe – votre intervention. Complétez la page ci-contre. Vous ne devez pas savoir ce que va dire votre opposant(e).
4. Argumentez votre prise de position debout face à vos camarades, soit en interaction avec votre binôme, soit en prise de parole autonome : au maximum 5 min si vous vous exprimez seul(e) et 10 min s'il s'agit d'un face-à-face contradictoire. Puis un autre binôme prendra la parole sur un autre sujet, et ainsi de suite…
5. Un jury de deux élèves accompagnera chaque binôme. Il évaluera avec bienveillance les prestations en se référant à la grille ci-contre et rendra compte de son appréciation.

Pour préparer••• *votre joute*

Le sujet sur lequel vous allez vous confronter en binôme.

....

Le point de vue que vous allez défendre.

a. ❍ Je soutiens l'affirmation. *ou* ❍ Je m'oppose à cette affirmation.

b. Reformulez le point de vue que vous allez soutenir avec vos propres mots.

....

....

Votre prise de notes pour votre intervention orale.

Insérez dans les bulles des idées et les cas concrets de votre argumentaire.

L'évaluation de votre prestation.

Le jury qui suivra votre prestation vérifiera si :
☐ vous avez annoncé le sujet traité et votre point de vue ;
☐ vous avez avancé des idées et des cas concrets exprimés avec un lexique varié ;
☐ votre argumentaire, pertinent et logique, a été convaincant ;
☐ votre posture, face au public et épaules redressées, montrait votre assurance ;
☐ votre voix, votre débit étaient audibles, et vos mimiques, vos gestes persuasifs ;
☐ vous avez varié votre ton pour valoriser votre plan et certains arguments.

Le lexique mobilisable

- **Noms communs et expressions**

– Jeu de société, individuel, collectif, jeu sérieux, jouet.
– Plaisir, compétition, défi, gain, perte, socialisation, addiction.
– Le démon du jeu, sur un coup de dé.

- **Verbes et expressions**

Jouer à, se refaire au jeu, jouer serré, le jeu n'en vaut pas la chandelle, jouer de malchance, jouer gros, jouer avec le feu, mettre en jeu, avoir du jeu.

Mon bilan de séquence

GROUPEMENT

Scènes de jeux et jeux de scène

Pourquoi éprouve-t-on le besoin de jouer ?

Je réponds à la problématique de la séquence *par des exemples du groupement.*

→ Pour le Dom Juan de Molière [p. 6-7]

→ Pour les enfants du poème de Baudelaire [p. 8-9]

→ Pour les artistes surréalistes [p. 10-11]

→ Pour le Dolfi de Dino Buzzati [p. 12-13]

Je fais le point sur les notions *étudiées dans la séquence en les reliant à leur définition.*

Effet cathartique du théâtre ●	● Ses méthodes traitent des troubles psychiques.
Poème en prose ●	● Courant littéraire qui s'appuie sur l'inconscient.
Surréalisme ●	● Jeu où des personnes s'affrontent oralement.
Psychanalyse ●	● En s'identifiant aux personnages, le public domine ses passions.
Joute oratoire ●	● Court poème composé de phrases.

Je relie la séquence au thème *du programme limitatif : « Le jeu : futilité, nécessité ».*

a. Trouvez des synonymes pour les termes suivants :

- « futilité » : ....
- « nécessité » : ....

b. Choisissez un des supports du groupement et montrez que le jeu présenté est nécessaire pour le ou les joueurs tout en étant futile.

J'ai choisi le support n° ____ car ....

Mon avis personnel

À propos de ce que j'ai lu, dit, écrit, compris dans la séquence : ....

Séquence 2

Corniche Kennedy
de Maylis de Kerangal, 2008

Quelle est la place du jeu dans notre vie personnelle et sociale ?

PARCOURS DANS L'ŒUVRE

MAYLIS DE KERANGAL
(Née en 1967)

Les œuvres de cette romancière récompensée par de nombreux prix évoquent le monde contemporain, les rapports entre les êtres et la complexité des sentiments humains.

« Dans le livre, il y a un côté très porté sur l'énergie, les corps. Je trouvais qu'il y avait trop de propos pour dire que les adolescents c'était vraiment la facilité, la glande, la crise d'ados et ces êtres perçus un peu comme des mollusques, ou comme des consommateurs, les chouchous du capitalisme. En fait, j'avais envie qu'ils soient un peu nus et dans une espèce de commencement, de scène d'engendrement d'eux-mêmes. »

Entretien avec MAYLIS DE KERANGAL dans la revue *Secousse*, n°22, Éditions Obsidiane, juin 2017.

Dans les premières pages du roman

« Puisque frimer précisément, tchatcher, sauter, plonger, parader, c'est ce qu'ils font quand ils sont là, c'est ce qu'ils viennent faire. La Plate[1] est une scène où ils s'exhibent, terrain de jeu et place des lices[2], puisque filles et garçons, c'est un tournoi : il s'agit de se foncer dessus sans esquiver le rituel. »

MAYLIS DE KERANGAL, *Corniche Kennedy*, © Éditions Gallimard, 2008.

1. C'est le bloc de béton d'où sautent les plongeurs du roman depuis la corniche Kennedy.
2. Champ clos où se déroulaient les joutes, les tournois au Moyen Âge.

Vos premières réactions

1. Indiquez les thèmes du roman suggérés par l'image de la première de couverture.

2. Grâce à vos propres recherches, précisez ce qu'est la corniche Kennedy.

3. Caractérisez, dans l'extrait de l'interview, le regard que porte Maylis de Kerangal sur la jeunesse.

4. Exprimez votre première impression : l'extrait vous donne-t-il envie de lire le roman ?

1 « Just Do It »

La corniche Kennedy à Marseille.

Au commencement, les garçons sont assis genoux repliés, genoux que ceinturent leurs bras, fument des clopes les yeux plissés sur le large, redoublent de jactance[1] quand les filles approchent, salut, elles ouvrent la partie, salut, ils répondent, puis ils s'informent ça fait longtemps que t'es là? ou toute autre question d'une neutralité technique, sitôt se charrient plus qu'ils ne se parlent, ça dure un quart d'heure, pas plus – ne restent jamais longtemps assis, au fond, sont appelés à bondir –, alors Eddy, toujours lui, se dresse, balance son mégot, balance ses lunettes sur son tee-shirt – Ray-Ban Wayfarer contrefaites, tombées d'un carton à Vintimille[2] –, et annonce le départ : *vamos*[3] ! Cinq ou six autres garçons le suivent, les filles sont rarissimes. Une fois debout, tous refont le lacet de leur maillot – le plus souvent un long bermuda, flottant sur les cannes maigres – qui aura glissé dévoilant une ceinture de peau blanche à la taille et le haut du pubis, sont secs, torses creux, ventres creux, hanches étroites, nerveux, des poulains, certains jettent une serviette sur leurs épaules, vont fléchir une jambe sur le bord de la Plate et tremper le pied de l'autre dans la mer, grimacent, ou emboîtent direct le pas d'Eddy pour gagner les promontoires. Il y a Mickaël, Bruno, Rachid, Ptolémée, et Mario, les voilà six maintenant, six garçons qui marchent vers l'est.

[...] Leurs narines se pressent contre leur paroi nasale, leur cage thoracique se gonfle, ils écartent les bras, Just Do It[4], font un pas en avant, Just Do It, et sautent raides, tendus comme des bâtons, des allumettes de plomb : à sept mètres, les plats sont des brûlures. Ils prennent de l'élan pour plus d'amplitude, recherchent la courbe pour réduire leur vitesse, ne pas tomber tête la première et perpendiculaire mais ouvrir leur angle de pénétration dans la mer, Just Do It !, ils crient cela en remontant à la surface, hilares[5], Just Do It !, splash, wooow !, et c'est tout.

Maylis de Kerangal, *Corniche Kennedy*, © Éditions Gallimard, 2008, p. 24 et 30.

1. Terme familier désignant des paroles abondantes pour se valoriser.
2. Ville italienne frontalière avec la France.
3. « Allons-y » en espagnol.
4. Signifie en anglais « Fais-le ». C'est aussi une référence au slogan de l'équipementier de sport Nike.
5. Riant sans retenue.

Découvrir

1. Encadrez le passage qui marque le début du jeu de séduction entre garçons et filles.
2. Soulignez les attitudes corporelles successives des plongeurs. Quel rituel suivent-ils ?

....

....

3. Expliquez, selon vous, le choix de nommer le saut « Just Do It ».

....

....

....

2 « Face To Face »

Il existe encore un troisième plongeoir. Celui-là est dangereux, tout le monde le sait. Ils l'appellent le Face To Face parce que, rigolent-ils, c'est le grand face-à-face : on y est face au monde (primo), face à soi (deuxio), et face à la mort (tertio), arghhhh la môôôrt ! [...] Situé à douze mètres, il est si exigu que seuls deux pieds peuvent s'y tenir assez espacés pour que le corps demeure en équilibre – le départ de saut est crucial, aucun faux mouvement ne se tolère, l'envol se doit d'être précis –, et se trouve sur le versant oriental du Cap, ce qui n'est pas bon : par vent d'est – vent de merde, brutal et glacé – les flots déchiquetés s'y précipitent, pointes dures en hameçon, si bien qu'après le saut il faut encore savoir s'extirper du ressac[1] puis contourner la pointe du Cap afin de retrouver le passage dans les rochers et grimper facilement. Ils y montent tous pourtant. Sautent. Plus rares sont ceux qui plongent – Eddy, Rachid, Ptolémée et Mario. Et quand ils se précipitent de là-haut, c'est la même crue[2] qui les traverse, une crue de l'espace et du temps, une amplification de la lumière, une saisie de la joie.

Ils défilent chacun à leur tour, pas de bousculade. Eddy – encore lui – régule le flot des sauteurs, vérifie d'un coup d'œil que la zone de réception est vide avant de faire signe au plongeur suivant qui trépigne hé, j'y vais, pousse-toi, c'est à moi, c'est maintenant. Le truc qui les fait rire c'est de hurler durant la chute une phrase entière avant le splash final, un slogan ou une déclaration – les trois et quatre syllabes, trop faciles : SPIDER-MAAAN ! ZIDANE REVIEEEENS ! ALLAH AKBAAAAAR ! Les longues, plus risquées : AÏCHA MA VIE SI TU M'AIM... ALLEZ TOUS VOUS FAIRE... J'AIME LES GROS SEINS D'ANGELINA JO... FOUTEZ LE FEU AUX BAUM... Le psaume[3] du frimeur : REGARDEZ-MOI, REGARDEZ-MOI TOUS !

1. Courant de retour des vagues sur elles-mêmes, souvent brutal.
2. Montée des eaux.
3. Chant sacré.

MAYLIS DE KERANGAL, *Corniche Kennedy*, © Éditions Gallimard, 2008, p. 30-32.

Découvrir

4. Précisez, selon vous, les trois enjeux du « Face To Face » pour les plongeurs.

« Face au monde »	« Face à soi »	« Face à la mort »

5. Expliquez la métaphore soulignée.

6. Soulignez les paroles rapportées des plongeurs dans l'extrait. Quelles fonctions remplit ici le langage chez ces adolescents ?

3 « La fille resplendit sous le soleil horizontal »

Une jeune fille, qui jusque-là observait la bande de la Plate depuis sa villa, a volé un portable dans un des sacs du groupe. Le chef de la bande, Eddy, décide de la punir en la forçant à sauter le Just Do It.

Comment tu peux savoir ce que ça fait le vertige si tu as si peur ? Il a parlé dans un souffle, depuis quelques secondes, la fille resplendit sous le soleil horizontal, ciblée en pleine tête comme le naos[1] au fond du temple, et sa peau s'est dorée d'un coup, peau d'héritière, lisse et douce, irisée d'ambre solaire, pieds bronzés, ongles nacrés, un paréo tahitien, trois glaçons dans un verre à orangeade, tchin-tchin, va faire ton piano chérie, Eddy trouve qu'il n'y a rien de plus passionnant à cette minute que cette peau de fille, là, toute concrète, membrane qui palpite, absorbe et transmet, tissu qui capte et décongestionne, rien de plus troublant que cette peau. Il réagit, n'est pas dupe, se demande pourquoi cette fille chourave dans les sacs, il y a quelque chose qui cloche, il n'aime pas trop ces histoires-là, se méfie des tordues, vaguement inquiet donc, ça ne correspond pas, mais précisément – on s'en doute –, cette torsion le mobilise. Aussi, l'écoute-t-il comme s'il nageait à contre-courant, et prend la mesure de chacune de ces paroles quand elle lui répond je peux le savoir parce que justement, le vide, ça m'attire, c'est pour ça. Eddy hausse les épaules. Cette réponse lui déplaît.

1. Partie du temple où était placée la divinité.
2. Très pâle, blême.

Dix minutes qu'ils sont seuls sur le Just Do It, l'air fermente la lumière du soir décolore peu à peu le Cap, faut faire quelque chose, faut y aller maintenant. […]

Une fois en position de départ, d'un coup la voilà pâle, les cernes creusés, elle est exsangue[2]. Eddy ne dit rien. Il voudrait tout arrêter mais sur le Just Do It, le scénario s'est emballé. Il vient à son tour se mettre en place à côté d'elle, ils font la même taille, trente centimètres les séparent. Ils prennent leur respiration, décomptent les secondes, trois, deux, un… go !, se précipitent alors dans le ciel, dans la mer, dans toutes les profondeurs possibles, et quand ils sont dans l'air, hurlent ensemble, un même cri, accueillis soudain plus vivants et plus vastes dans un plus vaste monde.

Maylis de Kerangal, *Corniche Kennedy*, © Éditions Gallimard, 2008, p. 46-48.

Suzanne (Lola Créton) et Eddy (Alain Demaria) dans le film *Corniche Kennedy* de Dominique Cabrera, sorti en 2017.

Découvrir

7. Complétez les phrases expliquant les désirs et appréhensions d'Eddy et de la jeune fille.

- La jeune fille est attirée par ………………… mais …………………………………………
- Eddy est attiré par ………………… mais …………………………………………

8. Expliquez les effets du saut final :

- entre les deux jeunes : …………………………………………
- pour les deux jeunes : …………………………………………

4 « Je veux me faire le Face to Face »

La jeune fille est revenue nager au pied de la corniche. Mario, l'un des piliers de la bande de la Plate, l'interpelle.

Mario (Kamel Kadri), Suzanne (Lola Créton) et Eddy (Alain Demaria) dans le film *Corniche Kennedy* de Dominique Cabrera.

On t'a dit de te barrer, de pas revenir, tu comprends rien? Il n'est pas agressif mais joue le garçon sage, responsable, enveloppant, le garçon de confiance, il se mesure à elle devant les autres. Plus tard, assis à côté d'elle qui ruisselle, il demande direct, t'habites où? La fille lui indique d'un coup de menton le virage tout proche et les villas blanches enfouies sous un front végétal - jasmins, lauriers-roses, bougainvilliers, eucalyptus, silence pour mieux écouter les cigales et palmier souverain ponctuant la terrasse. Et toi? Mario opère mêmement pour désigner les tours et barres agglomérées qui dominent la ville, au nord [...]. T'es tout près alors, il conclut, se tournant vers la fille, la fumée de la dernière bouffée de cigarette expirée se dissout entre eux comme un écran. Elle ne répond rien, déclare brusquement je veux me faire le Face To Face - si déterminée que Mario s'écarte d'elle -, il faut que tu arranges ça pour moi, que tu parles à celui qui était là l'autre fois, pour qu'il me prenne avec lui [...].

Au moment de s'élancer, il se tourne vers elle et lui demande, hé, c'est quoi ton prénom au fait? La fille, exsangue comme la dernière fois et le visage crispé, articule Suzanne, et, entendant cela, Mario contracte son corps avant de le déployer soudain d'un coup et de se projeter en avant, hurlant moi Mario, toi Suzanne, la fille de ma... Il saute comme un ange malingre[1] - comme si la gravitation terrestre était un frayage[2], comme si le ciel dissimulait des lignes de fuite qu'il fallait saisir tels les pompons du manège - et quand il réapparaît à la surface de la mer, poisson pilote tout sourire, il renverse la tête vers elle, et clame tu m'as bien regardé?, trop pur, tu vas voir, tu m'as vu?

Eddy l'a rejointe et la prenant par les épaules - dures comme du bois -, il la redécale vers la droite, comment t'as dit que tu t'appelais déjà? Suzanne, elle réarticule, la langue cimentée par le vertige. [...] Moi, c'est Eddy, il reprend, une main sur la hanche, vedette décontractée. Elle étrangle un rire, trop stylé! Silence. Bon on y va? il demande.

1. De faible constitution.
2. Un passage vers quelque chose.

Maylis de Kerangal, *Corniche Kennedy*, © Éditions Gallimard, 2008, p. 75-76 et p. 80-81.

Découvrir

9. Signalez par des crochets le passage qui distingue socialement Suzanne des autres de la bande.

10. Précisez comment les garçons tentent de séduire Suzanne.

....

11. En vous appuyant sur le photogramme du film, montrez que le saut est un défi :
- individuel : ....
- collectif : ....

5 « Gendarmes contre plongeurs »

Les autorités de la ville, soutenues par les parents des jeunes plongeurs, décident d'arrêter tous les groupes de sauteurs, dont ceux de la bande de la Plate.

Pris de court par la démesure de l'offensive, les voltigeurs de la corniche se faisaient aisément ramasser, mais il ne leur fallut que quelques jours pour se prendre au jeu, frondeurs, et alors ce fut le grand cache-cache. Une partie géante, une partie à échelle de la corniche, autrement dit à échelle un, à taille réelle. On s'en paie une tranche et on se paie leur gueule, voilà qui leur tenait lieu de programme et de mot d'ordre, diffusé tout le jour, en ricochet, d'une plate-forme à l'autre, d'un promontoire au suivant, et cela tout au long du littoral. Déli-délo[1]. Épervier[2]. Parents contre enfants. Cow-boys contre Indiens. Gendarmes contre plongeurs.

La nouvelle d'une grande partie se répandit à toute vitesse dans la cité, aussitôt relayée par les quotidiens locaux, les sites Web et blogs de toutes sortes, lesquels s'amusaient de la mutinerie[3] des gosses, les excitaient, n'hésitaient pas à leur suggérer des plongeoirs sauvages laissés sans surveillance, de nouvelles figures à essayer sur le mode du t'es cap/t'es pas cap, des combinaisons de plus en plus dangereuses ; d'autres misaient sur la déploration[4], faisaient assaut de colère et de consternation : cela ne signifie rien, ces sauts, ces gesticulations, cela ne veut rien dire, il n'y a aucun message, aucune revendication là-dedans, c'est totalement gratuit quand, attention, ne vous leurrez pas, tout cela a un prix, tout cela vous coûte cher [...], alors s'il vous plaît, pas de pitié pour les trompe-la-mort, allez ouste, rouvrez les maisons de correction, coupez les allocs.

Une journaliste, qui se passionnait pour l'affaire, élabora un comptage de points qu'elle proposa sur la Toile au matin du quinze août : un plouf égale un point pour les plongeurs, une heure sans plouf égale un point pour la Sécurité du littoral. Or, à peine cette règle fut-elle mise en ligne qu'une fièvre corrosive[5] s'empara du rivage. Les agents de la Sécurité, pas plus que les plongeurs, n'entendaient se faire humilier au vu et au su de toute une ville qui vivait l'oreille tendue vers la mer et bruissait des paris consignés au grand jour dans les bars, les escaliers, sur les marchés et les parvis.

Maylis de Kerangal, *Corniche Kennedy*, © Éditions Gallimard, 2008, p. 128-130.

1. Jeu dérivé du cache-cache.
2. Jeu où il faut éviter de se faire toucher par celui qui fait l'épervier.
3. Révolte contre l'autorité.
4. Expression de la douleur, de lamentations.
5. Contagieuse.

Découvrir

12. Soulignez les expressions en lien avec la thématique du jeu.

13. Présentez les opinions des différents protagonistes sur le phénomène des sauts.

Du point de vue des plongeurs	Du côté des opposants
....	....
....	....
....	....

14. Précisez pourquoi chacun des deux « camps » ne veut surtout pas perdre la partie.

....

....

6 « Finies les conneries »

De retour de plongeon, le trio d'amis, Eddy, Mario et Suzanne, a trouvé par hasard un paquet de drogue dans la mer. Cernés par les autorités qui ont lancé une opération d'envergure contre les plongeurs, ils décident en urgence de quitter Marseille en scooter. Mais ils ont un accident et Mario se blesse ; de leur côté, Eddy et Suzanne se réfugient sur la corniche, poursuivis par le commissaire Sylvestre Opéra.

T'as toujours le vertige, Eddy interroge Suzanne, les yeux perdus dans la couche gazeuse qui brasille autour d'eux, t'as toujours peur de tomber ? Elle acquiesce sans bouger, je ne peux même pas expliquer, j'ai une trouille bleue. Ils sont face à l'abîme, des herbes ont poussé sur l'arête de la falaise, ultime rempart végétal avant le puits cobalt du ciel. Ils n'entendent rien, ni le bruissement de la couche d'ozone qui se troue à toute allure, ni la fracture qui s'opère entre eux, n'entendent rien, décidément, quand soudain la terre tremble, leur corps reçoit des secousses furtives, ils vacillent mais, funambules sans balancier, conservent les pieds collés au sol ; de petits cailloux de plâtre roulent entre leurs pieds et tombent dans le vide. Ils se retournent dans un même mouvement : le break rouge est là, machine incongrue enfarinée de gypse[1], et Opéra, lentement, marche dans leur direction – il ne boite pas. Fin de partie les gosses, il crie, la main en cornet au-devant de la bouche, je vous ramène à la maison, il a le pas régulier et le bras tendu, paume ouverte, on peut lui faire confiance, donnez-moi le paquet et venez avec moi.

Sans répondre, Eddy et Suzanne pivotent vers la ligne d'horizon, il oblique les yeux sur elle qui a progressé de quelques centimètres, le corps perpendiculaire au précipice, allumette froide encore mais prête à enflammer le ciel comme un combustible, il lui chuchote hé fais gaffe à pas tomber chérie, j'aimerais pas, et elle sourit, toi aussi fais gaffe. Dans leur dos, Sylvestre Opéra s'avance, bon sang, venez maintenant, finies les conneries et Suzanne demande à Eddy d'une drôle de voix, fais voir le colis. Eddy dénoue sa ceinture et détache le paquet, soupèse, bras tendu. Ensemble, ils posent les yeux sur l'entaille blanche comme s'ils touchaient une boîte magique, puis le garçon élève le paquet dans le soleil pour faire reluire le plastique, ils n'entendent rien, sont captivés par la fumerolle qui s'échappe du paquet, petit panache blanc sitôt dissous dans le ciel sensuel et violent, et qui accélère son débit de poudre, accélère sa fuite, si bien que la déchirure s'échancre et que le nuage s'intensifie, c'est un signal indien qui monte dans le ciel. Le garçon et la fille sourient. C'est dingue. Le colis miroite comme une source.

FIN

Maylis de Kerangal, *Corniche Kennedy*, © Éditions Gallimard, 2008, p. 179-180.

1. Roche tendre.

Découvrir

15. Soulignez les passages annonçant la fin de la cavale de Suzanne et Eddy.

16. Dans le premier paragraphe, relevez les passages sur les sensations physiques des deux jeunes gens.

17. Citez les mots et expressions qui révèlent la complicité amoureuse des deux jeunes.

18. Selon vous, expliquez le dernier geste d'Eddy.

Analyser

1. La construction linéaire de l'intrigue. Résumez-la en quelques phrases.

2. Les procédés de la narration. Relisez le début de l'extrait de la page 18 (l. 1 à 18), puis caractérisez :

- L'énonciation : le narrateur est-il un personnage de l'histoire ? Citez un pronom personnel significatif.
- Le temps verbal dominant et l'effet produit :
- L'écriture des dialogues des personnages et l'effet produit :

3. Les effets de style. Illustrez-les par des citations choisies dans les extraits 3 et 4.

La construction très longue des phrases	Le registre de langue familier	Les images poétiques	Le lexique du corps et des sensations
Extrait :	Extrait :	Extrait :	Extrait :

Interpréter

4. Justifiez les propositions suivantes au sujet du roman.

- Le roman révèle les atouts d'une certaine jeunesse, mais aussi ses fragilités.
- Le roman emprunte au genre réaliste, mais se veut aussi poétique.

Relier *Comparer la fiction… à la réalité*

La prévention contre les sauts de la corniche Kennedy

doc. A Une affiche de prévention

Cette affiche, réalisée en 2019 par des élèves de la filière Sérigraphie au lycée professionnel Léonard-de-Vinci de Marseille, a été distribuée sous forme de flyers dans les établissements scolaires de Marseille, de la primaire au lycée, et placardée le long de la corniche Kennedy.

doc. B Un article de presse

Les uns après les autres, perchés à plus de 10 mètres de hauteur sur les bords rocailleux de la corniche, des adolescents plongent dans l'eau turquoise en se filmant avec leurs téléphones. La scène, si familière aux Marseillais habitués des lieux, se répète tout au long de l'été. Au niveau de l'Anse de la Fausse-Monnaie[1], un panneau le signale pourtant : les plongeons sont interdits par arrêté municipal. Et pour cause, l'adrénaline procurée par le saut de l'ange[2] se mesure au danger encouru. Au-delà de l'amende quant à elle très symbolique, les plongeurs risquent un polytraumatisme voire, plus rarement, la mort. Depuis le début de la saison, deux accidents sont déjà survenus, dont celui d'une femme hospitalisée mercredi après un plat, déplore Stéphane Cambours, brigadier-chef au commissariat du 7e arrondissement. […] C'est de là qu'est née une nouvelle campagne de sensibilisation, imaginée par un élève en communication visuelle au lycée professionnel Léonard-de-Vinci (7e). […] Si le phénomène est loin d'être nouveau, il semble s'être amplifié ces dernières années, selon Stéphane Cambours. Un goût du risque inscrit dans les tentations locales des ados. […] En 2017, le film de D. Cabrera *Corniche Kennedy* montrait déjà le sens sociologique de ce geste.

www.laprovence.com, 26 juillet 2019.

1. Crique très connue et fréquentée de la corniche Kennedy.
2. Plongeon bras écartés.

5. Soulignez dans l'article les risques de sauter depuis la corniche Kennedy.

6. Relevez les motivations des plongeurs que l'on retrouve dans *Corniche Kennedy*.

7. En vous appuyant sur le contraste des éléments de l'affiche, expliquez sa visée.

8. Exprimez votre opinion sur le phénomène des sauts dangereux et leur essor actuel.

Réfuter une opinion
sur les jeux sportifs

Votre sujet

Aujourd'hui, les jeux sportifs, comme le football ou le rugby, sont parfois le théâtre de scènes de violence sur le terrain ou en dehors des stades. Certains affirment même que les jeux sportifs divisent et exacerbent les rivalités entre les personnes ou les groupes. En vous appuyant sur la documentation et sur vos connaissances, réfutez cette opinion à l'aide d'arguments illustrés d'exemples.

Qu'est-ce qu'une réfutation ?

La réfutation vise à prouver la fausseté d'une opinion.

Dans le développement, des arguments, illustrés par des exemples, s'opposent à la thèse initiale.

Votre documentation

doc. 1 Les fondements des Jeux olympiques

Les principes [...] à l'origine de l'olympisme et du mouvement olympique sont : promouvoir le développement des qualités physiques et morales qui sont au fondement du sport ; éduquer les jeunes par le sport dans un esprit de bonne compréhension mutuelle et d'amitié, dans le but d'aider à construire un monde meilleur et pacifique ; diffuser les principes olympiques dans le monde entier et créer de la sorte une bonne volonté internationale ; rassembler les athlètes du monde dans le grand festival sportif quadriennal que sont les Jeux olympiques. [...] Aujourd'hui, en témoin de l'universalité qui le caractérise, l'olympisme s'illustre par son développement constant, et sa présence à travers le monde et sur tous les continents[1].

www.paris2024.org/fr/histoire-jeux-olympiques/

1. Il existe 206 Comités nationaux olympiques, contre 193 États membres de l'ONU.

doc. 2 Supporters après la victoire de l'équipe de France de football en 2018

doc. 3 Relais féminin

doc. 4 Journée Sport ensemble

Pour préparer••• *votre réfutation*

Complétez le **plan de votre rédaction** en notant les idées que vous allez développer.

L'introduction

- Le thème du devoir :
- La thèse à réfuter :
- La prise de position contre cette thèse :

Le développement

• Argument 1 :	*Exemple :*
• Argument 2 :	*Exemple :*
• Argument 3 :	*Exemple :*
• Argument 4 :	*Exemple :*

La conclusion

- Le rappel de la thèse réfutée :
- La thèse soutenue :

Sur une copie à part, transformez votre plan en un **texte rédigé**. Veillez à respecter l'organisation entre chaque partie du devoir et à soigner votre expression écrite. Vous pouvez ensuite **évaluer** votre travail à l'aide de la grille.

pdf
Grille d'évaluation
foucherconnect.fr/21fc02

Mon bilan de séquence

PARCOURS DANS L'ŒUVRE

Corniche Kennedy, Maylis de Kerangal

Quelle est la place du jeu dans notre vie personnelle et sociale ?

Je réponds à la problématique de la séquence.

- En vous appuyant sur le parcours de lecture, résumez les rôles possibles du jeu dans notre vie.

→ Un jeu pour soi

- Du côté du corps : le jeu permet ……………………

Exemple : ……………………

- Du côté de l'esprit : le jeu permet ……………………

Exemple : ……………………

→ Un jeu entre soi et les autres

- Avec les autres : le jeu favorise ……………………

Exemple : ……………………

- En s'opposant aux autres : le jeu favorise ……………………

Exemple : ……………………

Je relie les notions *étudiées dans la séquence à leur définition.*

Énonciation ●	● Fiction donnant l'illusion de la réalité.
Intrigue linéaire ●	● Manière de parler : courant, soutenu, familier.
Réfutation ●	● Argumentation qui s'oppose à une thèse.
Registre de langue ●	● Récit suivant l'ordre chronologique des faits.
Roman réaliste ●	● Étude du statut du narrateur (personnage ou non).

Je fais des liens *avec l'objet d'étude et le thème du programme limitatif.*

- Quelles difficultés du monde contemporain révèle le roman *Corniche Kennedy* ?

……………………

- Mais quel est aussi, suggéré dans le roman, l'un des motifs d'espoir de notre époque ?

……………………

- Et vous ? Quelle est la place du jeu dans votre vie personnelle et sociale ? Le jeu vous permet-il de mieux « vivre aujourd'hui » ?

……………………

Mon avis personnel

J'ai trouvé ce parcours de lecture sur Corniche Kennedy… ……………………

Séquence 3 La règle des jeux

GROUPEMENT

En quoi la règle fait-elle partie intégrante du jeu ?

Jeu de kajyk dans une famille touvaine au Kazakhstan (Asie centrale).

« Ils ne jouent pas du tout franc-jeu, [...] et ils se querellent tous si fort, qu'on ne peut pas s'entendre parler ; et puis on dirait qu'ils n'ont aucune règle précise ; du moins, s'il y a des règles, personne ne les suit. »

LEWIS CARROLL, *Alice au Pays des merveilles*, traduit par Henri Bué.

« Tout jeu a ses règles. Elles déterminent ce qui aura force de loi dans le cadre du monde temporaire tracé par le jeu. »

JOHAN HUIZINGA, *Homo ludens*, 1938, traduit par Cécile Seresia, © Éditions Gallimard, 1988.

Vos premières réactions

1. À quoi voit-on que ces enfants du Kazakhstan jouent ?

2. Échangez avec vos camarades : pouvez-vous formuler oralement la règle de leur jeu ? Quelles difficultés rencontrez-vous ? Pourquoi ?

3. Expliquez l'utilité d'avoir des règles du jeu et dites si vous les suivez toujours.

1 Des règles à partager ou à improviser

Ce texte autobiographique accompagne le recueil de photographies de Robert Doisneau.

Photographie de Robert Doisneau (1912-1994), *Jeux d'enfants autour d'une fontaine Wallace, place Saint-Sulpice à Paris*, 1946.

À certains moments de l'année, les marelles fleurissent sur les trottoirs...

La marelle se trace sur le pavé avec un morceau de plâtras[1] détaché d'un vieux mur. Après, le plâtras sert de palet. Il existe des quantités de marelles, mais la plus belle, celle qui a supplanté toutes les autres, c'est l'avion[2], et d'abord, c'est la plus moderne, il n'y a rien de plus moderne qu'un avion. Les filles y jouent sérieusement, gravement, même. Les garçons, ça se bouscule, ça fait les singes et les grosses brutes, ça finit toujours par des bagarres.

La rue, c'est la jungle. La rue, c'est la vie. Les immeubles comme des falaises, et plein de trucs qui invitent à l'escalade. Les mômes ont un instinct de chèvre qui les pousse à toujours grimper, toujours plus haut. Les fontaines, les statues, les réverbères[3], tout ça est tellement tentant, on se fait la courte échelle, le premier en haut tire les autres, une grappe de bérets et de fonds de culotte gigoteurs pend et cache le machin.

Un jeu, ça commence toujours par compter. Compter, c'est, en principe, laisser le hasard décider de qui s'y collera. En fait, c'est se livrer à une opération magique au bout de laquelle celui qui s'y colle est effectivement la pauvre pomme qu'on avait d'avance sacrifiée entre copains. La comptine la plus chouette est « Une souris verte... ». Les fils à papa comptent « Amstramgram... » pour bien montrer qu'ils font du latin. Quand on devient plus grand, on compte avec les pas : celui qui, au milieu du parcours, se retrouve les pieds dessous s'y colle. Naturellement, on peut mettre le pied en travers, et même marcher sur la tranche de la semelle. De toute façon, c'est la partie la plus marrante du jeu, mais ça, on ne le sait pas. D'ailleurs, le jeu lui-même, c'est rare qu'on arrive jusque là, on s'est traités de tricheurs bien avant.

[...] Il y a des quartiers où les mômes jouent aux osselets, ça dépend de la mode du coin. Il y en a même qui jouent aux échecs, mais c'est pas un jeu marrant, ils restent des heures à regarder leur bazar sans rien dire. La passe anglaise, ça, oui, c'est un jeu vivant ! Tu lances les dés contre le mur, et tu regardes comment ils retombent. Ça va drôlement vite, c'est rien que de la triche, si t'es pas assez rapide tu te fais avoir à tous les coups. Naturellement, il faut jouer pour des sous, sans ça c'est pas intéressant.

Robert Doisneau et François Cavanna, *Les Doigts pleins d'encre*, © Éditions Gallimard, fonds Hoëbeke, 1989.

1. Débris en plâtre.
2. De la « Terre » au « Ciel ».
3. Lampadaires.

Découvrir

1. Soulignez les jeux cités dans le texte. Indiquez ceux illustrés dans l'image.

....

....

2. Surlignez dans le texte les expressions qui reflètent le plaisir de jouer.

Analyser

3. La rue comme terrain de jeu.

a. Complétez le tableau comme indiqué. Soulignez les métaphores et la comparaison.

Élément réel du décor	→ Devient, dans le jeu	Élément réel du décor	→ Devient, dans le jeu
Plâtras d'un vieux mur.	→ Craie, palet.	....	→ ....
....	→	....	→ ....
....	→	....	....

b. Montrez que les enfants métamorphosent leur espace en un univers ludique.

....

....

c. Classez dans le tableau les noms des jeux relevés en question 1. Aidez-vous de l'encart.

Jeux de règles			Jeux libres
....	....	....	....
....	....	....	....

d. Comment sont définis les jeux des enfants et leurs règles ? Expliquez que la règle elle-même devient un jeu.

....

....

....

....

4. L'image d'une société à travers ses jeux.

Montrez que la pratique des jeux dépend du genre et de la classe sociale.

....

....

....

....

Les formes des jeux

Jeu de règles (*play*)

Les règles, impératives et explicitement formulées, enferment le jeu dans un système clos où tous les cas sont prévus.

Jeu libre (*game*)

Les règles sont en partie définies à l'avance, en partie inventées par les joueurs, au gré de leur imagination et de leurs envies.

Interpréter

5. Le caractère intrinsèque de la règle du jeu.

a. Soulignez les deux expressions du texte qui affirment que la règle fait partie intégrante du jeu.

> Quelle que soit sa forme, quel que soit son niveau de structuration, un jeu apparaît toujours comme une situation réglée, dans laquelle il y a, pour celui qui joue, un certain nombre de décisions à prendre dans un ordre donné. Qu'il s'agisse de grimper à un arbre, de construire une cabane, d'interpréter le rôle de Rodrigue, de faire une partie d'échecs ou de jouer de la flûte [...].

Jacques Henriot, *Le Jeu*, 1969, PUF, collection SUP.

b. Dites si le texte de François Cavanna illustre l'affirmation de Jacques Henriot.

....

....

6. Les jeux d'enfants.

Le texte et la photographie font-ils écho à vos jeux d'enfants ? Vous pouvez répondre en présentant à la classe l'œuvre d'un(e) photographe : Robert Doisneau, Sabine Weiss, Martha Cooper, ou Antoine Boureau.

2 Des règles à maîtriser pour s'émanciper

Alors que la guerre fait rage entre le Japon et son pays, la Chine, la narratrice, une Mandchoue[1] de 16 ans émancipée, s'impose, parmi les hommes, au jeu de go[2] où elle excelle et refuse de s'enfermer dans le mariage, comme le veut la tradition chinoise. Elle vient d'inviter un jeune inconnu à jouer. Il fait le difficile, puis finit par accepter. Elle ignore qu'il est son ennemi[3].

Plateau de go.

Il place sa pierre sur le coin nord-ouest. Sa prétention de tout à l'heure m'énerve encore et je décide de lui jouer un mauvais tour. Je réplique en collant un blanc à son flanc. Jamais, au début d'une partie, on n'entre dans la lutte par un corps à corps. C'est une règle d'or.

Déconcerté, il me regarde et sombre dans une longue réflexion.

Sur un damier carré, les pions se disputent les 361 intersections constituées par 19 lignes horizontales et 19 lignes verticales. Les deux joueurs se partagent ainsi cette terre vierge et comparent à la fin l'étendue des territoires occupés. Je préfère le jeu de go aux échecs pour sa liberté. Dans une partie d'échecs, les deux royaumes, avec leurs guerriers cuirassés, s'affrontent face à face. Les cavaliers de go, virevoltants et agiles, se piègent en spirale : l'audace et l'imagination sont ici les vertus qui conduisent à la victoire.

Au lieu de border mes frontières, j'attaque mon adversaire de front. Mon blanc n°4 l'incite au duel. Il réfléchit de nouveau.

Mon 6 fait barrage à son noir n°5, se rallie aux autres pour encercler le n°1.

Il répond *in extremis* en plaçant son n°7.

Je souris. Terminé la plaisanterie, je construis mon jeu.

L'inconnu joue avec une infinie lenteur. Le cheminement de sa pensée me surprend. Chacun de ses coups traduit un souci d'harmonie avec le tout. La progression de ses pions est aérienne, subtile, telle la danse des grues. J'ignorais qu'à Pékin, il existât une école où l'élégance prime sur la violence. Perplexe à mon tour, je me laisse emporter par son rythme. [...]

1. La Mandchourie, région du nord-est de la Chine, est envahie et occupée par le Japon dès 1931 jusqu'en 1945.
2. Jeu de stratégie militaire d'origine chinoise.
3. C'est un officier japonais de 24 ans, envoyé en Chine pour combattre. Désigné comme espion, il est donc habillé à la chinoise.

L'inconnu raconte à son tour ce début de partie.

La Chinoise n'aime pas le bavardage. Elle ne me pose aucune question et me presse de commencer. Dès son premier coup, elle impose un jeu pervers et extravagant. Je n'ai jamais joué au go avec une femme. Je ne me suis jamais trouvé si près de l'une d'entre elles, si ce n'est de ma mère, de ma sœur, d'Akiko[4], des geishas[5] ou des prostituées. Bien que le damier me sépare de mon adversaire, son parfum de jeune fille me met mal à l'aise. [...]

Chez nous, lorsque les femmes rient, elles cachent leur visage derrière la manche de leur kimono. La Chinoise sourit sans gêne ni artifice. Sa bouche s'ouvre comme éclate une grenade.

Je détourne mon regard.

4. Une amie.
5. Hôtesses dans les maisons de thé ou les banquets.

Shan Sa, *La Joueuse de go*, © Éditions Grasset et Fasquelle, 2001.

Découvrir

1. Encadrez la règle du jeu de go.
2. Soulignez les expressions du champ lexical du combat.

Analyser

3. La situation décrite. Complétez le tableau en fonction des indications trouvées dans le texte.

	La jeune Chinoise	L'officier japonais
Identité et personnalité		
Contexte historique		
Technique de jeu et enjeu de la partie		

4. La règle du jeu de go. À l'aide du texte, des notes et des illustrations, complétez les différentes rubriques de la règle.

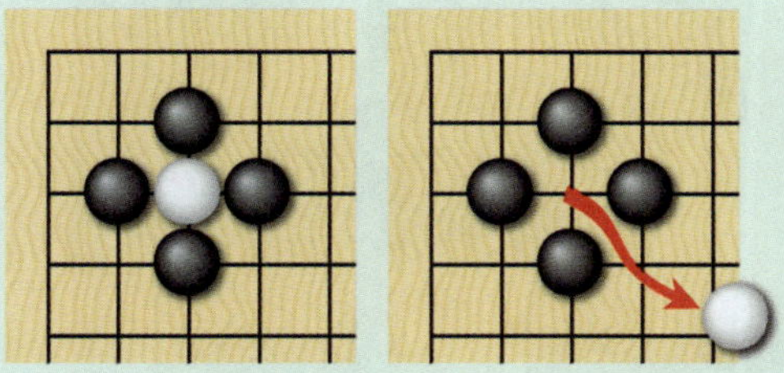
Les pions noirs encerclent un pion blanc, récupéré par le joueur.

- Plateau :
- Pions :
- Principe du jeu :
- Conditions de la victoire :

5. Les échanges entre les personnages. Comment communiquent-ils entre eux : par des mots, des regards, le jeu en lui-même ? Justifiez.

6. L'écriture poétique. Surlignez dans le texte les images poétiques et dites ce qu'elles traduisent.

Les modalités d'un jeu

- Elles sont définies par les **règles** :
  – la fonction des **éléments matériels** ;
  – les **actions** à réaliser et leur portée ;
  – le **but** du jeu, les conditions de la victoire ;
  – le **déroulement** du jeu (tour de jeu, étapes...) ;
  – les **pénalités** et les **récompenses**.
- Elles **diffèrent** selon le **type de jeu** et le genre de **plaisir attendu** (faire comme si, cumuler, agencer...).

Interpréter

7. La symbolique du jeu. À l'aide de vos réponses à la question 2, montrez le caractère guerrier du jeu de go. De quoi est-il le symbole ?

8. Une scène de première rencontre ? En quoi cette scène est-elle aussi une métaphore de la conquête amoureuse ?

3 Transgresser la règle

doc. A Une scène de tricherie au XVIIe siècle

Lors d'une partie de trime, jeu de paris ancêtre du poker, un jeune noble naïf va se faire « plumer » par des tricheurs aguerris. Les joueurs s'apprêtent à miser.

vidéo
Épisode de l'émission *D'art d'art* sur *Le Tricheur à l'as de carreau*.
foucherconnect.fr/21fc03

Georges de La Tour, *Le Tricheur à l'as de carreau*, 1635.
Huile sur toile, 106 × 146 cm. Paris, musée du Louvre.

doc. B Ruser ou tricher, quelle différence ?

Alors que la ruse consiste à faire avec la règle, en cherchant à en maximiser les possibilités, la triche consiste à faire malgré la règle, en la transgressant pour mieux satisfaire ses intérêts.

Charles Perraton et Maude Bonenfant, *La Ruse, entre la règle et la triche*, 2011, Presses de l'Université du Québec.

doc. C Tricher, est-ce corrompre le principe du jeu ?

C'est compliqué, parce que le tricheur reste parfois dans l'univers du jeu. Il y a plusieurs manières de tricher. Le tricheur peut briser le pacte ludique et tuer le jeu, ne serait-ce qu'en poussant les autres à arrêter. Mais il peut aussi, paradoxalement, accentuer le caractère ludique de la situation : tricher devient alors un surjeu, un jeu avec le jeu. C'est une manière de jouer avec les limites, avec les règles, bref de s'adonner à une certaine forme de dérèglement.

Entretien de Juliette Cerf avec Mathieu Triclot, paru dans *Télérama*, 20 décembre 2013.

Découvrir

1. Dans le tableau [doc. A], identifiez le tricheur, la courtisane, la servante, le jeune noble berné. Entourez les éléments du tableau qui connotent la tromperie (regards, gestes, postures, ombre ou lumière...).

2. Soulignez la définition de la tricherie [doc. B] et ses conséquences contradictoires [doc. C].

Analyser

3. Décryptage du tableau [doc. A].

a. Quelle atmosphère se dégage du tableau ?

....

....

b. Visionnez la vidéo et complétez les portraits des personnages.

La **servante**, acolyte, s'apprête à .... à la victime pour .... et ....

La **courtisane** dirige le jeu. Son regard et son geste indiquent .... Elle porte des perles, symboles de ....

On reconnaît la **victime** à son ...., à son ...., à son jeu : ....
Il porte des aiguillettes nouées, signes de ....

On devine le **tricheur**, aux .... : du carreau ; à ses aiguillettes dénouées, signes de .... ; à .... son regard ....

Le **spectateur** est impliqué dans le tableau car ....

4. Les conséquences de la ruse [doc. B] **et de la triche** [doc. C].
Complétez les phrases avec les mots « triche » ou « ruse ».

- La .... tue le jeu.
- La .... fait avec la règle.
- La .... vise l'intérêt personnel.
- La .... exploite toutes les possibilités de la règle.
- La .... est une infidélité aux règles.
- La .... peut être un dérèglement créatif du jeu.

Interpréter

5. Justifiez la **dimension morale du tableau.** Expliquez que c'est une fable contre les dangers du jeu.

....

....

....

Confronter

6. Tricher dans le monde imaginaire du jeu, est-ce la même chose que tricher dans la vie ?

....

....

....

....

....

La transgression des règles

- La **triche** (du latin *triccare* : chercher des détours) est proche de la **prestidigitation**. Le tricheur **enfreint la loi**.
- Les **mauvais joueurs**, aussi **mauvais perdants**, nient l'esprit de compétition et le rôle de la chance.
- Parfois, **jouer avec les règles**, avec les limites, renforce le plaisir du jeu.
- Certains joueurs détournent les règles et inventent des **possibilités non prévues** par les créateurs du jeu.

4 Des règles pour « s'entraîner à vivre »

Partie 1

....

....

....

Partie 2

....

....

....

Partie 3

....

....

....

Contrairement à ce qui est communément prétendu, jouer n'est pas toujours un passe-temps plaisant, un divertissement agréable. Cela peut s'avérer pénible, frustrant, voire douloureux. Un joueur doit ainsi affronter le démon de son ego[1] à chaque fois qu'il se sent humilié par une défaite. Qui plus est, le jeu prend fréquemment une dimension sisyphéenne[2], où il faut reproduire sans cesse le même mouvement en tentant de contenir une exaspération croissante.

Alors, pourquoi joue-t-on? Des forces puissantes sont à l'œuvre... Être au contact direct de ses propres limites, faire face à l'envie de renoncement et à la colère qui l'accompagne : le *rage quit*[3], disent les *gamers*. La jouissance de la domination et son inverse, la brûlure de la soumission à plus fort que soi. Persister pour trouver une ouverture, une solution, toucher enfin à la sensation de se surpasser. Jouer, c'est se confronter au monde, aux autres, sans conséquences dramatiques. C'est apprendre à gérer le risque, à survivre aux coups du sort, à évaluer instinctivement les probabilités d'une situation. Jouer, c'est affûter sa capacité à prévoir, à anticiper l'avenir en élaborant des stratégies, tout autant que son sens de l'improvisation, sa réactivité dans l'instant. En contrepoint de ce dépassement de soi, le jeu nous réconcilie avec la curiosité, cet élan de découverte motivé par le simple plaisir de comprendre. Dans les intervalles de l'action, on peut même trouver le temps de la contemplation. Et puis, parce qu'il est impossible de gagner à tous les coups, le jeu est une école d'humilité, une invitation à pardonner ses propres faiblesses et, par extension, celles des autres.

Jouer, c'est évoluer dans un environnement où il est plus facile de supporter le jugement, le classement, la perte, puisque les règles sont explicites et acceptées par tous. Jouer, en somme, c'est s'entraîner à vivre. Car au cœur du jeu, il y a le gouffre. L'inconnu. L'autre. Le chaos du hasard. S'y confronter, c'est garder les yeux ouverts face à ses peurs. Dans un monde inquiet qui rejette toute prise de risque par crainte de l'échec, le jeu reste un espace où l'on peut s'épanouir pour mieux se découvrir.

Olivier Lejade et Mathieu Triclot, *La Fabrique des jeux vidéo. Au cœur du gameplay*, © Éditions de la Martinière, 2014.

1. Représentation que l'on a de nous-mêmes. Orgueil.
2. Sisyphe, personnage mythologique, était condamné à rouler sans fin une pierre jusqu'au sommet d'une montagne pour la voir ensuite dévaler la pente.
3. Fait de quitter le jeu sous le coup de la colère ou de la frustration.

Jeu vidéo *Fortnite*, © Epic Games. Inc.

Découvrir

1. Surlignez l'expression répétée qui introduit des arguments. Soulignez les connecteurs.

2. Encadrez la question débattue et la phrase qui y répond (thèse soutenue).
Définissez la forme de l'argumentation : ❍ démonstration ❍ réfutation ❍ délibération.

Analyser

3. L'organisation argumentative du texte.

a. Partie 1. Quelle opposition introduit l'adverbe « contrairement » ? (l. 1)

b. En quoi ce premier paragraphe est-il une concession à la thèse défendue par les auteurs ?

c. Donnez un titre à chacune des parties du texte.

4. Les qualités développées par le jeu. Appuyez-vous sur les expressions que vous avez surlignées.

Vis-à-vis de soi	Vis-à-vis des autres

Interpréter

5. Le rôle des règles du jeu dans la construction de soi. Confirmez ou non ces assertions, en vous reportant aux propos des auteurs dans la 3e partie.

→ « Les règles formulées et acceptées par tous » permettent :

- d'être confronté à une représentation du monde : ❍ oui ❍ non ;
- d'échapper au jugement et au classement : ❍ oui ❍ non ;
- de prendre des risques : ❍ oui ❍ non ;
- de ne pas subir le hasard et la peur : ❍ oui ❍ non ;
- d'affronter l'autre ❍ oui ❍ non.

Le jeu : un monde en miniature

- Jouer, c'est explorer le monde réel dans un monde « en miniature ».
- Cet espace-temps à part, symbolique, est :
  – délimité par les règles du jeu ;
  – propice à l'expérience, car les rôles, qui ne sont pas définitifs, tournent pour que chacun s'essaye « à blanc » (Philippe Meirieu).

Confronter

6. Peut-on apprendre à vivre dans un univers aussi éloigné que celui de *Fortnite*, où votre avatar explore, construit, répare, coopère pour lutter contre des monstres ?

7. Dans votre construction personnelle, quels jeux vous ont permis de grandir, de vous construire ? De quelle façon ?

Rédiger une démonstration nuancée *sur les jeux*

Votre sujet

Un jeu dépend du monde dans lequel il se pratique et auquel il prépare. Il accompagne donc les évolutions de la société et de la technique. Dans une démonstration nuancée, montrez que les jeux et leurs règles reflètent les sociétés qui les inventent.

Qu'est-ce qu'une démonstration nuancée ?

- C'est un texte qui vise à prouver le bien-fondé d'une thèse que l'on justifie à l'aide d'arguments ordonnés et d'exemples pertinents.
- La démonstration est écrite à la 1re ou la 3e personne. On y trouve une concession à la thèse adverse, introduite par un connecteur (*certes, il est vrai que…*) ainsi que des modalisateurs (*peut-être, il semblerait que…*).

Votre documentation

doc. 1 Le jeu de plateau *Monopoly*

Le but de ce jeu, créé en 1935, est de ruiner ses adversaires.

vidéo
Une publicité de 1985 sur le *Monopoly*.
foucherconnect.fr/21fc04

doc. 2 Le jeu de stratégie *Civilization*

Civilization VI : Gathering Storm, 2019.

Le gagnant de ce jeu vidéo de stratégie est celui qui arrive à conquérir l'ensemble de la planète. Civilization *illustre la domination occidentale sur le monde et la diffusion universelle de ses modèles culturels.*

vidéo
La bande-annonce du jeu vidéo *Civilization VI* (2019).
foucherconnect.fr/21fc05

doc. 3 Le jeu des huit familles

Dans ce jeu, les familles sont toutes différentes : composées, recomposées, monoparentales…

Illustrations de Jack Koch, édition 2016, © Jeux FK 2008.

Jeux FK

doc. 4 Le jeu, reflet de la société

Dans l'Antiquité, la marelle est un labyrinthe où l'on pousse une pierre – c'est-à-dire l'âme – vers la sortie. Avec le christianisme, le dessin s'allonge et se simplifie. Il reproduit le plan d'une basilique : il s'agit de faire parvenir l'âme, de pousser le caillou jusqu'au Ciel, au Paradis […].

Il n'est pas absurde de tenter le diagnostic d'une civilisation à partir des jeux qui y prospèrent particulièrement. En effet, si les jeux sont facteurs et images de culture, il suit que, dans une certaine mesure, une civilisation et, à l'intérieur d'une civilisation, une époque, peut être caractérisée par ses jeux.

Roger Caillois, *Les Jeux et les Hommes*, 1967, © Éditions Gallimard.

Pour préparer… *votre démonstration nuancée*

Votre introduction : présentation du thème et énoncé de la thèse à prouver.

Votre prise de notes pour **votre développement**.

Votre concession à la thèse opposée	Certes, … Mais …
Connecteur d'énumération + argument 1	
Connecteur d'énumération + argument 2	
Connecteur d'énumération + argument 3	

Vos exemples :

Votre prise de notes pour **votre conclusion**.

Connecteur de conclusion + réponse à la question posée + une phrase de synthèse de l'argumentation

Sur une copie à part, transformez votre plan en un **texte rédigé**, en soignant votre expression écrite. **Évaluez** ensuite votre prestation à l'aide de la grille.

pdf
Grille d'évaluation.
foucherconnect.fr/21fc06

Mon bilan de séquence

GROUPEMENT

La règle des jeux

En quoi la règle fait-elle partie intégrante du jeu ?

Je réponds à la problématique de la séquence par des exemples du groupement.

→ **Pour rendre le jeu possible**
- Jouer, est-ce faire n'importe quoi ? Pourquoi acceptons-nous la règle ? [p. 29, 30-31]

→ **Pour définir le jeu et ses modalités**
- Que comprend la règle ? Pourquoi cette règle et pas une autre ? [p. 29, 32-33]

→ **Pour expérimenter le monde**
- La règle : une liberté et une contrainte ? [p. 30, 32, 34]

→ **Pour le plus grand plaisir du joueur**
- Pourquoi le joueur a-t-il plus de plaisir quand il y a des règles ? Pourquoi certains les refusent-ils ? [p. 30-31, 32-33, 34-35]

Je fais le point sur les expressions en les reliant à leur définition.

Jeu de règles ●	● Dans le respect des règles.
Jouer franc-jeu ●	● Elle nous pousse à jouer encore et encore.
Pacte ludique ●	● Les règles y sont explicitement formulées.
Règle d'or ●	● On le brise quand on triche.
Dimension sisyphéenne du jeu ●	● Fondamentale, on ne peut la violer.

Je relie la séquence au thème du programme limitatif : « Le jeu : futilité, nécessité ».

a. Les règles d'un jeu sont-elles nécessaires ou futiles ?

b. Entourez les règles du jeu qui vous semblent plutôt futiles. Discutez-en.

Grimper sur des éléments urbains, agencer les pièces d'un puzzle, résoudre une énigme, accumuler des propriétés au *Monopoly*, faire tomber des quilles, éliminer des soldats au jeu de go, tirer des billes de peinture au paintball.

Mon avis personnel

À propos de ce que j'ai dit, lu, écrit, ce qui m'a intéressé(e) ou pas :

Séquence 4

Zéropolis
de Bruce Bégout, 2002

PARCOURS DANS L'ŒUVRE

Pourquoi l'expérience du jeu à Las Vegas peut-elle mener à l'aliénation ?

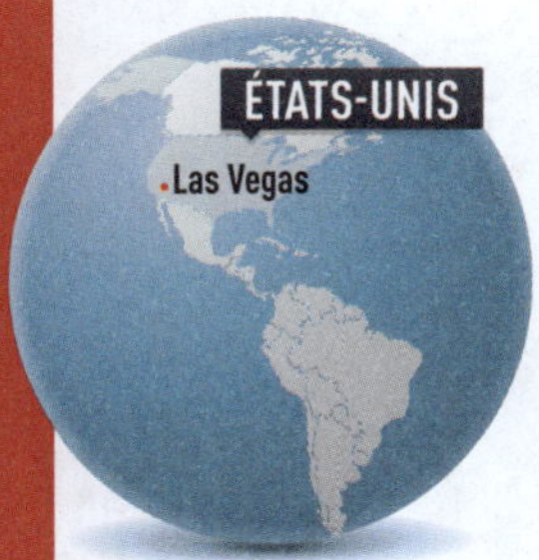

BRUCE BÉGOUT (né en 1967)

Ce philosophe se consacre à l'exploration du monde urbain, des lieux communs, mais aussi du quotidien. Ses écrits oscillent entre philosophie et pensée sur la modernité. Il a ainsi exploré l'univers des motels (*Lieu commun. Le motel américain*, 2003), ou encore la banlieue (*Suburbia*, 2013).

« Nous sommes tous des habitants de Las Vegas. »
BRUCE BÉGOUT

Ainsi, tout ce qui a présidé à l'écriture sur cette non-ville prend sa source dans l'intuition séminale[1] que ce qui s'y trame ne révèle rien de moins que l'orientation récente de notre civilisation marchande, laquelle joue là sans doute son dernier tour de passe-passe : l'utopie des loisirs et du *fun* permanent. Si j'ai volontairement relevé à Las Vegas, leur lieu natal, ces moments troubles de notre nouvelle expérience urbaine, c'est parce que je suis convaincu que, seules, les ombres soulignent les reliefs et font ressortir les formes.

BRUCE BÉGOUT, *Zéropolis*,
© Éditions Allia, 2002, préface.

1. Qui a engendré l'idée.

Vos premières réactions

1. À quel type de livre vous attendez-vous en observant la couverture, l'extrait et ce que vous savez de son auteur ? Partagez oralement vos hypothèses.

2. Situez Las Vegas à plusieurs échelles (continent, pays, État, espace géographique proche).

3. Identifiez deux contrastes soulignés par la photographie en couverture du livre.

4. Notez et partagez avec vos camarades les mots qui vous viennent à l'esprit à l'évocation du nom « Las Vegas ».

5. Surlignez dans la longue citation ce qui se « joue » à Las Vegas.

1 Las Vegas, « Zéropolis »

Ni loin, ni proche, ni ici, ni ailleurs, Las Vegas se signale par le néant. Tous les qualificatifs négatifs que l'on peut attribuer en général à une ville lui conviennent, car son absence de consistance lui donne précisément une existence incertaine : *no man's land*[1], terrain vague, non-lieu, ville fantôme, simulacre urbain, ville de nulle part, etc. Elle est pour nous zéropolis, la non-ville qui est la toute première ville, comme le zéro est le tout premier des nombres. Le nul qui compte, le néant du néon. Ville du degré zéro de l'urbanité, de l'architecture et de la culture, ville du degré zéro de la sociabilité[2], de l'art et de la pensée. Ville quelconque où tout recommencer à zéro, toucher le fond et remonter à la surface, en accumulant des zéros sur un écran. Ville du vacant[3], du rien et de l'absence qui fait pourtant ville. Ville du trop qui devient sans, de l'excès qui se mue en défaut, de la profusion qui tourne en privation. Atome de ville et ville atomique[4], contradiction faite ordre, délire architectural et confusion sociale, Las Vegas essaie tant bien que mal de se construire une image intègre, en opposition constante au désert qui la cerne de partout et qui lui rappelle sans cesse sa vacuité[5] originelle.

Bruce Bégout, *Zéropolis*, © Éditions Allia, 2002, p. 23-24.

1. Terrain abandonné, inhabité.
2. Le fait de vivre ensemble.
3. Ce qui est vide.
4. Dans les années 1950, on venait assister à des essais d'explosions atomiques dans le désert de Las Vegas.
5. Vide moral.

Panneau de bienvenue sur le Strip, à l'entrée de la ville de Las Vegas.

Découvrir

1. D'une phrase, formulez l'idée générale développée dans cet extrait. Surlignez des expressions appuyant votre proposition.

....

....

2. La photographie donne-t-elle la même image que celle de la couverture du livre ?

❍ Oui ❍ Non

Justification : ....

....

....

3. Soulignez le champ lexical du « zéro ». Puis expliquez comment Bruce Bégout a formé le surnom qu'il a donné à Las Vegas.

Ce surnom est formé de...

Préfixe : .... + Racine : .... → Qui vient d'un mot grec signifiant : ....

2 Les « habitants » de Zéropolis

Pourtant c'est un tout autre spectacle qui retient notre attention. Dans les galeries de jeux à la lumière tamisée, le jour se confond avec la nuit en un *continuum* sans repère. Au fond des salles configurées de manière à faire perdre tout repère spatial et temporel aux joueurs - il n'y a nulle indication des portes de sortie, ni présence d'horloges -, tout ce que l'Amérique peut compter de laissés-pour-compte (retraités sans le sou, *mamas* noires, obèses et mal habillées, petits blancs du Sud venus jouer leur chèque de la sécurité sociale, congressistes débarqués en nombre par charters pour s'encanailler à bon marché, etc.) introduit, avec des gestes machinaux, ses jetons désargentés dans les fentes des *slot machines*[1].

Avec un intérêt feint, ces pauvres gens, à en juger par leurs nippes[2] ou tout du moins par leurs regards vides, observent les petites lucarnes des machines à sous et, des heures durant, attendent sans l'ombre d'une émotion le déversement clinquant des fausses pièces. De leur main gantée, pour éviter les cals[3], ils actionnent le bras du bandit-manchot[4] avec un air que l'écrivain Michael Ventura[5] n'a pas hésité à qualifier d'« ahuri » (*dazed*). C'est là l'effet de la passion ou de l'habitude. Au choix. Vissés sur leur tabouret, ils jettent de temps en temps un coup d'œil furtif à leur voisin d'infortune et reprennent aussitôt leur tâche. D'autres tout aussi cois[6] se promènent dans les allées leur petit seau en plastique à la main, fourni généreusement par le casino, en vue de récolter leurs improbables gains futurs, comme des grabataires[7] incontinents qui traînent leur pot de chambre dans les allées sans vie d'un sanatorium.

De partout et de nulle part, des sirènes assourdissantes, qui essaient avec maladresse d'imiter une mélodie connue, retentissent parfois au fond des salles, et des pièces « sonnantes et trébuchantes », comme elles se doivent de l'être dans cet univers de simulation totale, se répandent aux pieds de l'heureux gagnant lui arrachant à peine une syllabe. Toutes les cinq minutes, munie de son sourire archétypal qui fait craindre une très prochaine paralysie faciale, une serveuse, supposée être sexy selon les critères de la direction, avec sa toge trop courte qui dévoile ses cuisses trop molles, munie réglementairement de son teint orangé faussement tanné à la carotène, vient vous apporter dans une espèce d'amphore translucide un cocktail géant au nom inconnu, dont la couleur et la mixture étranges, qui ondoient dans le verre entre le palmier en plastique et le sucre glacé, ne sont pas sans traduire votre état mental du moment.

L'on se dit alors, sans trop de conviction, qu'il est temps de participer au rituel, de donner son obole[8].

Bruce Bégout, *Zéropolis*, © Éditions Allia, 2002, p. 30-32.

1. Machines à sous.
2. Vêtements de mauvais goût, bon marché (péjoratif).
3. Durcissements de la peau par frottement.
4. Machine à sous avec un levier latéral.
5. Romancier et essayiste américain, auteur d'un essai sur Las Vegas.
6. Muets de surprise.
7. Malades alités et ayant peine à se déplacer.
8. Offrande.

Découvrir

4. Surlignez les gens croisés dans le casino et qualifiez ces « habitants » de Zéropolis.

....

....

5. Soulignez les expressions évoquant un univers de « simulation totale » (ligne 25).

6. Définissez le jugement de l'auteur qui se dessine dans son choix de vocabulaire.

....

....

....

....

3 Le joueur, un homme libre ?

A

Tel donc un enfant qui jouit de son irresponsabilité dans la mesure où il sait pertinemment que les adultes veillent sur lui, le joueur de Las Vegas se soumet de son plein gré à une désinhibition[1] régulée de manière externe de son plaisir. Son insouciance joviale est un masque qui dissimule en réalité le sérieux avec lequel il décide de sacrifier, pour un temps, toute la richesse de son existence au profit de la grosse rigolade. [...]

La subordination[2] au jeu est d'autant plus forte qu'elle procure des plaisirs plus intenses. La politique de donnant-donnant de l'*entertainment*[3], qui décide depuis cinquante ans de l'essence urbaine et sociale de Las Vegas, figure l'extrême pointe de cette domestication sociale, librement consentie, qui laisse à l'apprivoisé le soin de tirer lui-même les conclusions de sa libre servitude : il y a pris du plaisir.

Bien entendu, tout joueur n'est pas obligé de jouer. Il peut s'abstenir ou retirer ses billes. Mais qu'en est-il lorsque toutes ses possibilités d'existence, même les plus ordinaires (faire ses courses, prendre de l'essence), doivent être *fun* et l'obligent à participer sans cesse ni retenue, dans une hilarité obligatoire, à des jeux plus stupides les uns que les autres et à devenir lui-même le comique de sa situation ?

Bruce Bégout, *Zéropolis*, © Éditions Allia, 2002, p. 45-46.

1. Perte de toute limite dans son comportement.
2. Fait d'être soumis.
3. Société du tout spectacle.

B

Par son application frénétique à enfourner les pièces les unes après les autres dans la machine à sous, le joueur aspire par conséquent à concrétiser de manière magique les forces obscures qui gouvernent le monde. [...] En un certain sens, il ne recherche que l'échec de son entreprise qui, plus que la réussite, lui donnera la possibilité d'éprouver encore la possibilité pure de gagner, et ainsi de suite. [...] Il voudrait que le jeu ne s'arrête pas, et pour cela il doit non seulement accepter de perdre, mais aspirer à perdre.

Bruce Bégout, *Zéropolis*, © Éditions Allia, 2002, p. 104.

Découvrir

7. Surlignez les termes sur les risques encourus par le joueur. Résumez-les en quelques mots.

....

8. À Las Vegas, tout est joyeux, tout est « *fun* ». Dites si le texte dénonce ou approuve cet état de fait :
❍ il le dénonce ; ❍ il l'approuve.
Justification : ....

....

9. Partagez-vous l'avis de Bruce Bégout sur l'état dans lequel Zéropolis plonge le joueur ?
❍ Je partage. ❍ Je ne partage pas. ❍ Je ne saurais dire.

10. Dites quel point de vue on pourrait éventuellement lui opposer.

....

11. Encadrez la raison qui explique pourquoi le joueur vise inconsciemment l'échec.

4 « Mais que procure Las Vegas ? »

Mais que procure Las Vegas ? Qu'a-t-elle réellement à nous offrir ? Car, dans cette foire fantasmagorique[1] qui défie par excès l'imagination des chiffres et par défaut celle des lettres, les commerces de jeu ne proposent ni produit, ni marchandise. Leur libéralité se situe ailleurs. Ils donnent à voir, mais non à posséder. Au propre comme au figuré, on repart de Las Vegas toujours les poches vides. Il n'y a rien à acheter, à part quelques cartes postales ou tee-shirts bon marché que l'on pourrait se procurer n'importe où ailleurs. À l'inverse des expositions universelles qui faisaient figure au XIXe siècle de grand bazar collectif, de monstration[2] totale de la marchandise et des biens mondiaux, les hôtels-casinos n'exhibent rien, si ce n'est leur artillerie technologique d'artifices et d'appâts.

La seule chose que l'on propose aux clients, et encore sans leur donner toute la publicité qu'ils seraient en droit d'attendre, c'est de l'argent, ou plus exactement l'idée de l'argent, à savoir le fait de pouvoir grâce au jeu en gagner facilement. Surprenant mécanisme économique : l'on promet de l'argent à ceux que l'on incite par ailleurs à s'en débarrasser sur-le-champ. *Less is more*[3]. Il faut toucher le fond pour toucher le gros lot. Il n'y a pas d'autre morale aux jeux d'argent : s'humilier pour espérer sortir au bout du compte vainqueur. Cependant l'essentiel n'est pas là et le joueur n'est pas dupe.

Les casinos offrent tout autre chose que le seul appât du gain : ils donnent du rêve. Tout n'est ici que fiction et projection. Mais vers quoi ? Vers quelle réalité ? Quelle est par exemple la finalité des représentations antiques du *Caesar's Palace* ? Assurément pas d'instruire le passant sur les conditions sociales et politiques de la Rome antique. La référence à un thème historique ou imaginaire se suffit à elle-même. Elle n'incite pas à l'exégèse[4], mais se limite à la simple allusion mi-ironique mi-fabuleuse. Puisqu'elle n'a d'existence que commerciale, quel est donc alors ce que produit et vend Las Vegas ? [...]

Las Vegas n'aurait pas été possible si la société de consommation n'avait pas déjà depuis le début du XXe siècle exploité toutes les ressources ludiques des fables populaires, du cinéma de masse et de la littérature de gare. [...]

Par conséquent les foules viennent contribuer à l'orgie électrique pour entrevoir l'espace d'un instant la concrétisation de leurs rêves.

Bruce Bégout, *Zéropolis*, © Éditions Allia, 2002, p. 91-93.

1. Fantastique, spectaculaire et troublante.
2. Étalage public.
3. Le moins est le plus (expression anglaise).
4. Surinterprétation.

Casino-hôtel The Venetian, à Las Vegas.

Découvrir

12. Répondez à la question de départ du texte.

....

....

13. Soulignez les marqueurs du « mécanisme économique » sur lesquels repose Las Vegas.

14. Surlignez les passages qui expliquent pourquoi Las Vegas rencontre un tel succès. Reformulez-les oralement.

Analyser

L'essai

- On appelle « essai » un ouvrage qui propose une réflexion, confronte des opinions, expose un point de vue personnel sur un sujet.
- On y trouve :
  – la présence directe ou indirecte de la première personne (« je », « nous ») ;
  – des modalisateurs (adverbes de jugement, certains modes comme le conditionnel) ;
  – un lexique valorisant ou dévalorisant ;
  – le présent de l'écriture dit d'énonciation.

1. Relevez dans l'extrait 1 de *Zéropolis* des exemples qui illustrent quelques caractéristiques d'un essai (*cf.* encadré).

- Thème de l'essai : ……………………………………………………
……………………………………………………
- Thèse : ……………………………………………………
……………………………………………………
……………………………………………………
……………………………………………………
- Point de vue affirmé : ❍ Oui ❍ Non
- Cinq expressions négatives trouvées dans le texte :
……………………………………………………
……………………………………………………
……………………………………………………

2. a. Bruce Bégout souligne constamment les contradictions propres à Las Vegas. Dans cet extrait, identifiez-en trois en les surlignant de couleurs différentes.

> « Ni loin, ni proche, ni ici, ni ailleurs, Las Vegas se signale par le néant. Tous les qualificatifs négatifs que l'on peut attribuer en général à une ville lui conviennent, car son absence de consistance lui donne précisément une existence incertaine : *no man's land*, terrain vague, non-lieu, ville fantôme, simulacre urbain, ville de nulle part, etc. Elle est pour nous zéropolis, la non-ville qui est la toute première ville, comme le zéro est le tout premier des nombres. Le nul qui compte, le néant du néon. » *(extrait 1, page 42)*

b. Comment nomme-t-on des termes qui s'opposent ?

❍ Des synonymes. ❍ Des paronymes. ❍ Des antonymes.

3. Identifiez les procédés d'écriture auxquels Bruce Bégout a recours pour préciser sa pensée dans ces trois phrases : métaphore, énumération, reprise, allitération, synonymie, phrase nominale *(plusieurs réponses possibles par phrase)*.

a. « Ville du vacant, du rien et de l'absence qui fait pourtant ville. »
……………………………………………………

b. « La seule chose que l'on propose aux clients, [...] c'est de l'argent, ou plus exactement l'idée de l'argent. »
……………………………………………………

c. « Je suis convaincu que, seules, les ombres soulignent les reliefs et font ressortir les formes. »
……………………………………………………

d. « *No man's land*, terrain vague, non-lieu, ville fantôme, simulacre urbain, ville de nulle part... »
……………………………………………………

4. L'auteur utilise souvent le lexique des sciences humaines pour analyser « l'expérience » de Las Vegas. Retrouvez certains de ces mots dans les deux derniers extraits de ce parcours.

- Lexique de la psychologie *(extrait 3, p. 44)* : ……………………………………………………
……………………………………………………
……………………………………………………
- Lexique économique *(extrait 4, p. 45)* : ……………………………………………………
……………………………………………………
……………………………………………………
……………………………………………………

Interpréter

5. Proposez trois raisons qui permettent à Bruce Bégout de rapprocher Las Vegas du **nombre zéro** dans le texte 1.

- Raison **1** : ……………………
- Raison **2** : ……………………
- Raison **3** : ……………………

6. Listez quelques **critiques** que l'auteur fait à Zéropolis.

- ……………………
- ……………………
- ……………………

7. Voici une définition du mot « aliénation » :

> « Processus par lequel un individu ou un groupe social se transforme en quelque chose d'hostile à lui-même. Une perte de liberté d'être et de penser. »

Dans les extraits de la page 44, relevez les expressions qui montrent que le joueur de Las Vegas subit une forme d'aliénation. Reformulez-les à l'oral.

……………………

……………………

……………………

8. Dans une interview pour son livre, l'auteur affirme à propos du **jeu** :

> « Le jeu, qu'il soit brutal ou intelligent, constitue une activité fondatrice de l'espèce humaine. Le plaisir que procure tout divertissement véritable augmente le sentiment d'exister et, en ce sens, potentialise notre vie. » (*Le Passant ordinaire*, n°49, 2004).

Selon l'auteur, les joueurs de Las Vegas éprouvent-ils du plaisir et se sentent-ils davantage exister ? Développez.

……………………

……………………

……………………

……………………

9. Voici trois **avis de lecteurs** trouvés sur Internet. Entourez l'avis qui rejoint votre propre opinion sur cet essai, puis échangez avec vos camarades en vous justifiant.

1 « J'aime tout particulièrement l'écriture de Bruce Bégout. Lucide, simple, parfois pragmatique, parfois fantaisiste, cynique – clairement, analytique et joueuse. »

2 « Bruce Bégout nous entraîne à Las Vegas jusqu'au dégoût. L'autre ville lumière montre sans fin le "néant du néon". »

3 « Une écriture banale et sans surprise qui ne donne pas envie de découvrir les autres ouvrages de l'auteur. »

Comparer

Le cinéma et les séries cultivent aussi une certaine image de la ville de Las Vegas. Voici quatre **affiches de films** accompagnées de bandes-annonces.

doc. A ***Viva Las Vegas* (1956)**

vidéo
Bande-annonce du film de Roy Rowland.
foucherconnect.fr/21fc07

doc. B ***Casino* (1996)**

vidéo
Bande-annonce du film de Martin Scorsese.
foucherconnect.fr/21fc08

doc. C ***Very Bad Trip* (2009)**

vidéo
Bande-annonce du film de Todd Phillips.
foucherconnect.fr/21fc09

doc. D ***Las Vegas Meditation* (2014)**

vidéo
Bande-annonce du film de Florent Tillon.
foucherconnect.fr/21fc10

10. Pour comparer l'essai de Bruce Bégout à ces quatre films, étudiez leurs affiches dans le tableau ci-dessous.
Les bandes-annonces peuvent vous aider à confirmer vos premières impressions.

Image dénotée / image connotée

- **Dénotation :** elle correspond au sens premier d'une image. Il suffit ici de décrire ce que l'on voit au premier regard.
- **Connotation :** elle correspond au sens caché, au second degré de lecture de l'image. Il faut ici interpréter ce que l'on voit, ce qui nous est dit.

Affiches	Description (→ Dénotation)	Vision de Las Vegas (→ Connotation)
Affiche A	....	....
Affiche B	....	....
Affiche C	....	....
Affiche D	....	....

11. Reliez films et essai au propos qu'ils tiennent sur Las Vegas.

Viva Las Vegas ●	● Une non-ville faite de contradictions.
Casino ●	● Une ville délirante où tous les dangers vous attendent.
Very Bad Trip ●	● Une ville à l'agonie.
Las Vegas Meditation ●	● Une ville merveilleuse où vous attend l'amour.
Zéropolis ●	● Une ville de jeu et de paris risqués.

12. Quel film vous semble le plus proche de la démarche de Bruce Bégout dans son essai ? Aidez-vous des bandes-annonces et justifiez votre choix.

❍ *Viva Las Vegas* ❍ *Casino* ❍ *Very Bad Trip* ❍ *Las Vegas Meditation*

Justification : ....

Rédiger une délibération
sur les jeux d'argent

Votre sujet

Selon vous, les jeux en ligne, les jeux d'argent et de pari, qui connaissent un succès planétaire, en particulier chez les jeunes, sont-ils la source d'un réel plaisir ou celle d'une sorte d'addiction ? Vous répondrez à cette question dans un développement argumenté délibératif d'une quarantaine de lignes, en vous appuyant sur votre lecture de l'essai de Bruce Bégout, sur les documents de cette page et sur les bandes-annonces étudiées dans votre parcours de lecture, ainsi que sur vos connaissances et votre expérience personnelle du sujet.

Qu'est-ce qu'un écrit délibératif ?

C'est un écrit dans lequel on pèse le pour et le contre, la thèse et l'antithèse qui s'opposent, avant de prendre soi-même position au travers d'un avis personnel.

Votre documentation

doc. 1 Une affiche

Affiche de l'association canadienne de lutte contre les addictions Bellwood Health Services, 2012. (Traduction : « Jouer, c'est comme une drogue »)

doc. 2 Un sondage

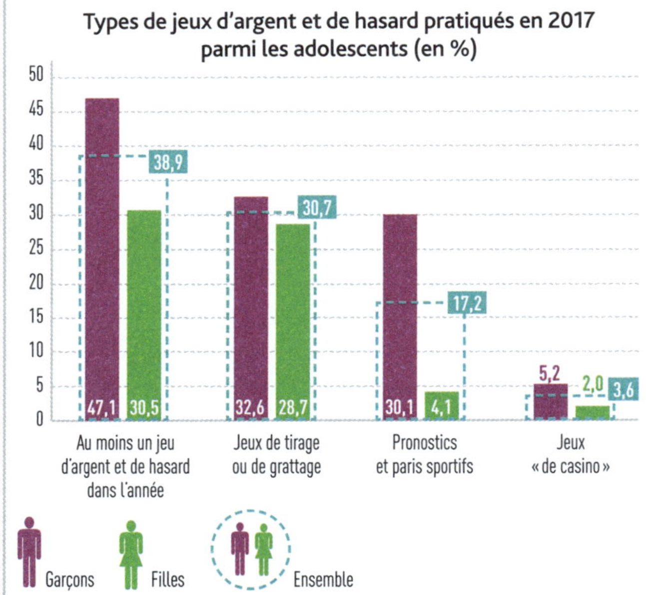

Extrait d'une synthèse sur les jeux d'argent et de hasard réalisée par l'OFDT (Observatoire français des drogues et des toxicomanies) – www.ofdt.fr

doc. 3 Une définition

Serge Tisseron, psychologue, évoque la question de l'addiction aux jeux en ligne.

L'idée qu'il puisse exister une addiction aux jeux vidéo est inséparable de la définition qu'Aviel Goodman[1] a donnée, au début des années 1990, de ce qu'il a appelé les « addictions sans substance ». [...] Dans un premier temps, il a déclaré que l'addiction sans substance se définissait comme un comportement associant trois caractères :
- la perte du contrôle des impulsions qui rend impossible le fait de s'empêcher d'accomplir une action qu'on désire très fortement ;
- la compulsion qui signifie le soulagement éprouvé à l'accomplissement de cette action ;
- et la poursuite du comportement malgré ses conséquences négatives.

1. Psychiatre américain.

Serge Tisseron, sergetisseron.com, 7 avril 2014.

Pour préparer... votre délibération

Renseignez le **tableau-plan**.

§ 1 **Introduction :**

• Une phrase générale : ....

• Reprise de la question posée : ....

• Annonce du plan : Dans un premier temps ....

§ 2 – § 3

Thèse	**Thèse opposée**
Certes, certains pensent que	D'autres affirment au contraire que ....
• Exemples/arguments :	• Exemples/arguments : ....

§ 4 **Synthèse /** prise de position personnelle

Pour ma part, j'estime que ....

§ 5 **Conclusion** (en vous aidant éventuellement de citations)

Pour conclure, si on peut reconnaître ....

on doit aussi admettre que ....

Sur une copie à part, transformez votre plan en un texte rédigé en sautant une ligne entre chaque paragraphe. Vous pouvez utiliser des mots de l'encadré ci-contre.

Faites l'**auto-évaluation** de votre prestation en vous aidant de la grille.

pdf
Grille d'évaluation.
foucherconnect.fr/21fc11

Le lexique mobilisable

Probabilités, société de consommation, pari, noms de jeux, noms de sites, prise de risque, addiction, aliénation, adrénaline, « *fun* », surendettement, gains, loterie, piège, société du jeu, défi, pertes, drame.

Mon bilan de séquence

PARCOURS DANS L'ŒUVRE

Zéropolis, Bruce Bégout

Pourquoi l'expérience du jeu à Las Vegas peut-elle mener à l'aliénation ?

Je réponds à la problématique de la séquence par des citations choisies dans les extraits.

→ Parce que Las Vegas n'est pas une ville normale [EXTRAIT 1] :

→ Parce que les gens venant à Las Vegas sont des proies faciles [EXTRAIT 2] :

→ Parce que tout est artificiel à Las Vegas [EXTRAIT 4] :

→ Parce que les joueurs s'y font prendre à leur propre rêve [EXTRAIT 4] :

→ Parce que l'argent y est la source d'une réelle addiction [EXTRAIT 3] :

→ Parce que le joueur y accepte cette aliénation [EXTRAIT 3] :

Je fais des liens avec l'objet d'étude *et le thème du programme limitatif.*

- Proposez au moins une question que cet essai soulève sur notre manière de vivre ou sur notre société.

- Prenez position, puis préparez vos arguments avant d'échanger à l'oral.

a. À la lecture de cet essai, diriez-vous que le jeu d'argent est :

❍ une liberté ? ❍ une forme de futilité ? ❍ les deux ? ❍ autre :

b. Las Vegas vous semble-t-elle une ville déshumanisée ou très humaine au contraire ?

Mon avis personnel

J'ai trouvé cet essai...

À VOUS DE JOUER *avec les mots !*

Dans le monde des jeux… au sens propre

Voici des **expressions souvent utilisées quand on joue**… Associez par son numéro chacune d'elles à son explication, comme dans l'exemple.

Expressions

1. Avoir du jeu.
2. Hors jeu.
3. Faites vos jeux.
4. *Game over.*
5. Abattre son jeu.
6. Se refaire au jeu.

Explications

- Gagner de l'argent après en avoir perdu. [6]
- Posséder des cartes, des dés, des pions qui vont permettre de gagner. [……]
- Le jeu est terminé. [……]
- Ne plus faire partie du jeu. [……]
- Montrer ses cartes à la fin d'un jeu. [……]
- À la roulette, expression du croupier avant chaque lancer de bille. [……]

Des portraits en positif ou négatif… au sens figuré

Les personnes citées présentent dans leur personnalité un **atout**, une **faiblesse** ou un **défaut**. Reliez-les à des expressions qu'on utilise souvent **au sens figuré** pour les qualifier. Écrivez à côté des expressions les lettres A (atout), F (faiblesse), D (défaut).

Chloé ne croit pas en l'avenir. •	• Jouer dans la cour des grands. [……]
Karim et Simon prennent trop de risques. •	• Vieux jeu. [……]
Adélie est très débrouillarde. •	• Cacher son jeu. [……]
Kevin n'inspire pas la confiance. •	• Tirer son épingle du jeu. [……]
Ma grand-mère critique toujours les jeunes. •	• Jouer avec le feu. [……]
Samia est très ambitieuse. •	• Tout est joué d'avance. [F]

Et si on allait au spectacle ?

Dans cette brève rédigée par un journaliste stagiaire, les **termes polysémiques** « jouer » et « jeu » sont trop souvent répétés. Remplacez-les par des mots de sens voisin.

Un splendide *Dom Juan* joué par les acteurs de la Comédie-Française !

La célèbre pièce de Molière, *Dom Juan*, <u>se joue</u> (→ ………………………) actuellement à la Comédie-Française. Les <u>jeux</u> (→ ………………………) des comédiens sont formidables et on rit de voir Dom Juan <u>se jouer</u> (→ ………………………) des paysannes. Les <u>jeux</u> (→ ………………………) de lumière sont bien choisis, tout comme les décors. <u>D'entrée de jeu</u> (→ ………………………), Dom Juan attire et ses victimes ne peuvent <u>jouer les belles</u> (→ ………………………) longtemps. Mais pour <u>jouer dans la cour des grands</u> (→ ………………………), il ne faut pas <u>mettre en jeu</u> (→ ………………………) sa vie face au Ciel. Car on est vite <u>hors jeu</u> (→ ………………………) !

À chacune ou chacun son expression sur les jeux !

Quelles **leçons implicites** nous donnent les expressions suivantes ? Expliquez-les oralement et entourez celle qui vous parle personnellement le plus. Discutez-en avec vos camarades.

1. Jeux de mains, jeux de vilain.
2. Jouer à qui perd gagne.
3. Le jeu n'en vaut pas la chandelle.

LE JEU *en questions*

Aux origines des mots « jeu » et « ludique »

Pour jouer sur les jeux !

quiz
Vérifiez vos connaissances sur les jeux !
foucherconnect.fr/21fc12

→ Le mot « jeu » vient du mot latin *jocus*. Il signifie « plaisanterie » ou « badinage » et ce terme latin a aussi donné en français « jouet ».

→ En latin, on désigne les jeux par le mot *ludi*, qui a donné en français « ludique » (= amusant) et d'autres dérivés : « ludothèque », « ludothéraphie », « ludosphère », « ludologie ».

Petite histoire des jeux

Antiquité → Du Moyen Âge au XVIIe siècle → XVIIIe siècle → XIXe siècle et XXe siècle → XXIe siècle

• « Connus ou oubliés, les jeux qui ont distrait nos ancêtres ont une histoire, au cours de laquelle, depuis Aristote, on a vu en eux, constamment opposés, un nécessaire délassement mais aussi ce qui détourne les hommes de la recherche de la vertu. »

• « Qui sont les joueurs et à quoi jouent-ils ? D'où viennent leurs jeux? Les jeux viennent d'ailleurs : de l'Orient mystérieux, d'Italie ou d'Espagne, les jeux ont voyagé pour parvenir jusqu'à nous, qu'il s'agisse des dés, des échecs ou des cartes. »

• « Dans la société des Lumières, l'offre de jeu licite et illicite prend une ampleur considérable : billards et cabarets, tripots clandestins et académies tolérées, bureaux de loterie et jeux de "plein vent" se multiplient, tandis que l'État s'introduit, en 1776, dans la sphère du divertissement en se réservant le monopole exclusif de la Loterie royale. »

• « Leur usage a longtemps été contesté et ils ont dû justifier le rôle essentiel qui leur revient, notamment dans l'éducation des enfants. L'apparition des charmants jeux de cartes pour apprendre à lire, la multiplication des jeux de l'oie qui guident l'apprenti en héraldique[1] et bientôt des puzzles géographiques, tous ces jeux qui promettent d'apprendre en s'amusant se sont peu à peu imposés au cœur de l'espace familial. »

• « À l'heure de la mondialisation, les activités ludiques participent aujourd'hui pleinement à l'essor industriel et commercial de notre planète. »

***Jeux de princes, jeux de vilains*, sous la direction d'Ève Netchine, BNF-Seuil, Paris, 2009.** (ISBN 978-2-02-099750-8)

Présentation du jeu d'échecs importé d'Inde au roi Chosroès, qui régna de 531 à 579 sur l'Iran. Paris, BNF, Manuscrits.

1. Qui se rapporte aux armoiries des familles, des villes.

Des jeux qui ont un long passé

- Les billes (4 000 ans av. J.-C.)
- Colin-maillard (Moyen Âge)
- Le tarot (fin XIIIe s.)
- Les quilles (XIVe s.)
- Le billard et le bridge (XVe s.)
- Le poker (XVIIe s.)
- Le croquet (XIXe s.)
- La belote (autour de 1914)
- Le *Monopoly* (inventé en 1904, commercialisé sous ce nom en 1935)
- Le *Scrabble* (1938)

vidéo
L'évolution des jouets en 100 ans.
foucherconnect.fr/21fc13

Et vous?

Connaissez-vous ces jeux ? Auxquels avez-vous déjà joué ?

La classification des jeux

➜ En 1958, le sociologue et philosophe **Roger Caillois**, dans son essai *Les Jeux et les Hommes*, a classé les jeux, du moins au plus réglé, en quatre principales catégories.

Les jeux de compétition	Les jeux de hasard	Les jeux de simulacre	Les jeux de vertige
Ils favorisent le dépassement de soi et la valorisation personnelle. → Dames, échecs, jeu de go, sports individuels ou collectifs, etc.	Ils font rêver, créent du lâcher-prise, et abolissent les inégalités sociales. → Dés, paris, roulette, loteries, comptines, cadavres exquis, etc.	Ils sont fondés sur l'imitation et permettent de jouer avec sa personnalité. → Jeux d'illusion, poupées, déguisement, carnavals, théâtre.	Ils provoquent des émotions révélant d'autres dimensions de la personnalité. → Balançoires, manèges, alpinisme, ski, voltige, etc.

➜ En 2005, le professeur en sciences de l'éducation, **Gilles Brougère**, confère aux jeux les caractéristiques suivantes.

- Le jeu est **vécu comme irréel**, même s'il mime la réalité.
- L'entrée ou la sortie d'un jeu est **libre**.
- Des **règles**, improvisées ou non, modifiables, définissent le jeu.
- Le jeu est **sans conséquence** dans la vie matérielle et sociale.
- **L'issue du jeu** est toujours incertaine.

Et vous?

Êtes-vous d'accord avec Gilles Brougère ? Que représente le jeu pour vous ?

Les profils des « *gamers* » aujourd'hui

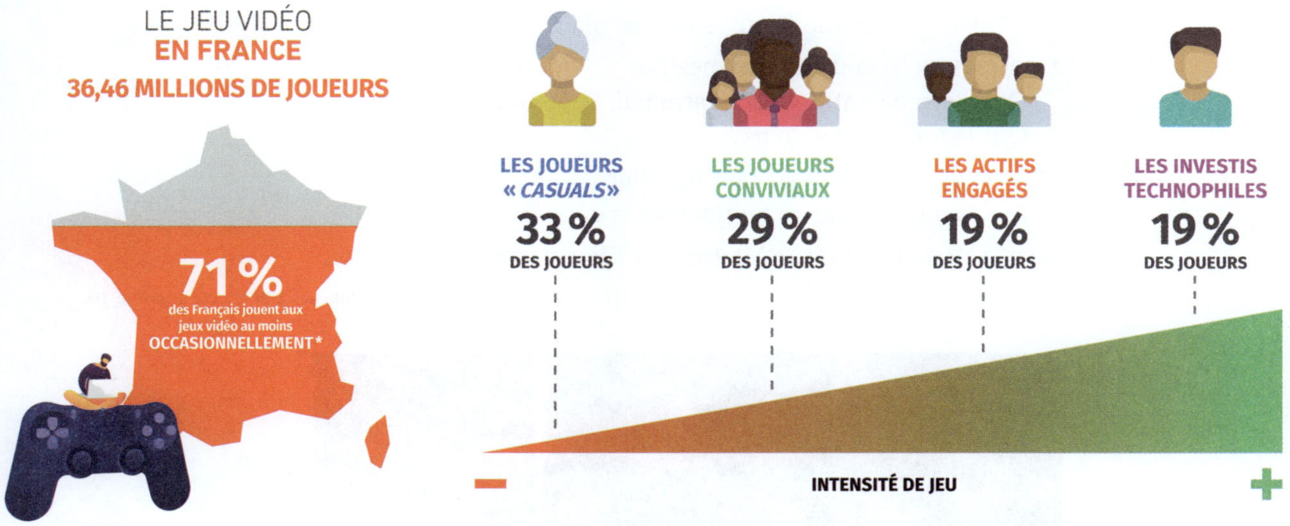

« L'essentiel du jeu vidéo : les Français et le jeu vidéo », SELL (Syndicat des éditeurs de logiciels de loisirs), novembre 2020.

- Les « ***casuals*** » jouent seuls sur leur smartphone.
- Les « **conviviaux** » jouent à plusieurs en présentiel sur console.
- Les « **actifs engagés** » jouent en ligne sur ordinateur.
- Les « **investis technophiles** » jouent en ligne sur divers supports de dernière génération.

Et vous?

Jouez-vous aux jeux vidéo ? Quel est votre profil ?

site

Étude sur « Les Français et le jeu vidéo » (conduite par Médiamétrie).

foucherconnect.fr/21fc14

BAC PRO SUJET guidé 1

TEXTE 1

Géronte est le père de Valère, un joueur invétéré sans le sou. Pour gagner et emporter le cœur de la belle Angélique, Valère a fait venir un tricheur professionnel, Toutabas, pour lui apprendre les ficelles de son « art ». Celui-ci tombe sur Géronte.

GÉRONTE. – Vous êtes riche, à voir ?

TOUTABAS. – Le jeu fait vivre à l'aise
Nombre d'honnêtes gens, fiacres, porteurs de chaise ;
[…]

GÉRONTE. – S'il est quelque joueur qui vive de son gain,
On en voit tous les jours mille mourir de faim
Qui, forcés à garder une longue abstinence,
Pleurent d'avoir trop mis à la réjouissance.

TOUTABAS. – Et c'est de là que vient la beauté de mon art.
En suivant mes leçons, on court peu ce hasard.
Je sais, quand il le faut, par un peu d'artifice
D'un sort injurieux corriger la malice ;
Je sais dans un trictrac[1], quand il faut un sonnez[2],
Glisser des dés heureux, ou chargés, ou pipés[3] ;
Et quand mon plein est fait, gardant mes avantages,
J'en substitue aussi d'autres prudents et sages
Qui, n'offrant à mon gré que des as à tous coups,
Me font en un instant enfiler douze trous[4].

GÉRONTE. – Et Monsieur Toutabas, vous avez l'insolence
De venir dans ces lieux montrer votre science ?

TOUTABAS. – Oui, monsieur, s'il vous plaît.

GÉRONTE. – Et vous ne craignez pas
Que j'arme contre vous quatre paires de bras,
Qui le long de vos reins ?…

TOUTABAS. – Monsieur, point de colère ;
Je ne suis point ici venu pour vous déplaire.

GÉRONTE, *le poussant*. – Maître juré filou, sortez de la maison.

JEAN-FRANÇOIS RÉGNARD, *Le Joueur*, 1697. Acte I, scène 10.

1. Jeu de dés célèbre aux XVIIe et XVIIIe siècles.
2. Faire un double six au tric-trac.
3. Truqués.
4. Les « douze trous » font gagner la partie de tric-trac.

DOCUMENT

Le Caravage, *Les Tricheurs*, vers 1595. Fort Worth (États-Unis), musée d'art Kimbell.

TEXTE 2

SCÈNE 1

[...] (À la dérobée, César fait un signe qu'Escartefigue ne voit pas, mais Panisse l'a surpris.)

PANISSE *(furieux)*. – Et je te prie de ne pas lui faire de signes.

CÉSAR. – Moi je lui fais des signes? Je bats la mesure.

PANISSE. – Tu ne dois regarder qu'une seule chose : ton jeu. *(À Escartefigue)* Et toi aussi!

CÉSAR. – Bon. *(Il baisse les yeux vers ses cartes.)*

PANISSE *(à Escartefigue)*. – Si tu continues à faire des grimaces, je fous les cartes en l'air et je rentre chez moi.

M. BRUN. – Ne vous fâchez pas, Panisse. Ils sont cuits.

ESCARTEFIGUE. – Moi, je connais très bien le jeu de la manille[1], et je n'hésiterais pas une seconde si j'avais la certitude que Panisse coupe à cœur.

PANISSE. – Je t'ai déjà dit qu'on ne doit pas parler, même pour dire bonjour à un ami.

ESCARTEFIGUE. – Je ne dis bonjour à personne. Je réfléchis à haute voix.

PANISSE. – Eh bien! réfléchis en silence... *(César continue ses signaux.)* Et ils se font encore des signes! Monsieur Brun, surveillez Escartefigue, moi, je surveille César.

(Un silence. Puis César parle sur un ton mélancolique.)

CÉSAR *(à Panisse)*. – Tu te rends compte comme c'est humiliant ce que tu fais là? Tu me surveilles comme un tricheur. Réellement, ce n'est pas bien de ta part. Non, ce n'est pas bien.

PANISSE *(presque ému)*. – Allons, César, je t'ai fait de la peine?

CÉSAR *(très ému)*. – Quand tu me parles sur ce ton, quand tu m'espinches[2] comme si j'étais un scélérat... Je ne dis pas que je vais pleurer, non, mais moralement, tu me fends le cœur.

PANISSE. – Allons, César, ne prends pas ça au tragique!

CÉSAR *(mélancolique)*. – C'est peut-être que sans en avoir l'air, je suis trop sentimental. *(À Escartefigue.)* À moi, il me fend le cœur. Et à toi, il ne te fait rien?

ESCARTEFIGUE *(ahuri)*. – Moi, il ne m'a rien dit.

CÉSAR *(il lève les yeux au ciel)*. – Ô Bonne Mère! Vous entendez ça!

(Escartefigue pousse un cri de triomphe. Il vient enfin de comprendre, et il jette une carte sur le tapis. Panisse la regarde, regarde César, puis se lève brusquement, plein de fureur.)

PANISSE. – Est-ce que tu me prends pour un imbécile? Tu as dit : « Il nous fend le cœur » pour lui faire comprendre que je coupe à cœur. Et alors, il joue cœur, parbleu!

(César prend un air innocent et surpris.)

PANISSE *(il lui jette les cartes au visage)*. – Tiens, les voilà tes cartes, tricheur, hypocrite! Je ne joue pas avec un Grec. [...]

Il sort violemment en criant : « Tu me fends le cœur! » [...]

MARCEL PAGNOL, *Marius*, 1929. Acte III, scène 1. Collection « Fortunio », Éditions de Fallois, © Marcel Pagnol, 2004.

1. Jeu de cartes proche de la belote.
2. Tu me regardes. (Verbe d'origine provençale.)

Compétences de lecture

10 POINTS

Ma démarche pour préparer les questions de lecture

- Sur les documents du corpus, **j'entoure** les sources, **je souligne** les mots-clés et les passages importants.
- **Je surligne** dans les consignes les mots essentiels.
- **Je repère** les éventuelles sous-questions.
- **J'écris** sous chaque question des éléments de réponse.
- **Je recopie** au propre mes réponses bien rédigées.

Comprendre et interpréter

1 TEXTE 1 Sans recopier le texte, dites quels sont les traits caractéristiques de « l'art » de Toutabas ? 2 POINTS

2 DOCUMENT Expliquez en quoi ce tableau est une leçon instructive pour le spectateur. 2 POINTS

3 TEXTE 2 Précisez l'attitude de chaque personnage dans cette scène. 3 POINTS

- César :
- Panisse :
- Escartefigue :
- Monsieur Brun :

Confronter

4 TEXTES ET DOCUMENT Présentez tout ce qui permet de rapprocher ces textes et le tableau, mais aussi ce qui les distingue. 3 POINTS

- Caractéristiques communes :
- Ce qui distingue les supports :

10 POINTS

Compétences d'écriture

On parle souvent de « mauvais joueur ». Mais quelles devraient être, selon vous, les qualités d'un « bon joueur » ?

Vous répondrez à cette question dans une démonstration structurée et argumentée, en vous aidant des documents du corpus, de vos lectures et de votre expérience personnelle.
Il sera tenu compte des qualités de la langue (orthographe, syntaxe, lexique...), de la cohérence et de la pertinence du propos, de la justesse des arguments, ainsi que de la mobilisation des éléments du corpus et des connaissances du candidat.

Ma démarche pour préparer la consigne d'écriture

- **Je souligne** dans le sujet les mots importants.
- **Je cherche** des éléments du corpus pour enrichir mes arguments et exemples.
- **Je complète** le plan du devoir à l'aide du schéma.
- **Je transforme** ma prise de notes en un texte correctement rédigé.

Pour construire votre plan

Introduction *(environ 4-5 lignes)*

....

....

....

Développement *(environ 30 lignes)*

§ 1 Connecteur d'énumération + argument 1 + exemple(s).

Tout d'abord, ...

....

....

....

....

....

§ 2 Connecteur d'énumération + argument 2 + exemple(s).

Ensuite, ...

....

....

....

....

....

§ 3 Connecteur d'énumération + argument 3 + exemple(s).

Enfin, ...

....

....

....

....

....

Conclusion *(environ 4-5 lignes)*

Connecteur de conclusion + réponse à la question + synthèse de l'argumentation.

En conclusion, ...

....

Évaluez-vous !

pdf
Grille d'évaluation.
foucherconnect.fr/21fc15

TEXTE 1

« Arrête de jouer, va travailler ! »

J'ai encore cette petite phrase dans les oreilles ! Lorsqu'elle résonnait, elle annonçait, pour moi, à la fois la fin d'un temps que ma famille qualifiait d'insouciant et le début d'un autre temps, parfois plus difficile, car il me fallait devenir sérieuse ; mais pour moi, enfant, lorsque je jouais, c'était sérieux aussi ! Ce n'est peut-être pas pour rien que je suis devenue éducatrice de jeunes enfants (EJE), un métier trop souvent défini par cette formule rapide : « Vous, les EJE, vous passez votre temps à jouer » ! Mais pour moi, le jeu c'est sérieux, et c'est tellement sérieux que je m'en sers de plus en plus dans mon métier de formatrice, notamment pour accompagner les étudiants en travail social dans leur rapport à l'écriture.

« Jouer pour jouer, pas pour gagner. »

Cette phrase, dite par Phileas Fogg dans le livre de Jules Verne, 1873 – *Le tour du monde en 80 jours* –, résume bien l'idée que je me fais du jeu. Jouer, pour un enfant, est une activité complètement naturelle ; elle n'est pas, comme chez l'adulte, un dérivatif de son existence ; elle est tout simplement sa vie et, surtout, elle est son développement. Le jeu, c'est un rouage, une mobilité, une possibilité, un espace ; bref, pour moi, c'est un agir complet qui mobilise des capacités sensorielles, motrices, cognitives[1], affectives. Dans une conférence, Tony Lainé[2] dit qu'il y a « dans cette expérience agissante l'un des besoins parmi les plus importants et les plus nécessaires à la construction de la personnalité ». Je me souviens de Samir (5 ans), la maîtresse pense qu'il ne sait pas parler français. Lors d'un atelier, Samir malaxe la pâte à sel avec beaucoup d'attention et ses gestes prennent de l'assurance ; au bout d'un moment, il dit tout fort : « C'est comme maman, je fais la semoule ! » Le jeu permet à cet enfant de faire émerger ce qui le construit : la relation maternelle ; c'est elle qui lui parle et non les textes écrits qui parlent de choses qu'il ne connaît pas ! Ainsi, pour moi, le jeu est une construction, il ne dévoie[3] pas l'enfant, il le fait ! [...]

Mais je constate depuis longtemps que les adultes ne l'entendent pas de cette manière ; pour eux, le jeu de l'enfant est souvent du temps perdu ; et s'ils pensent cela, c'est tout simplement parce qu'ils se réfèrent à leur propre définition du jeu. À une question d'un enfant « Pourquoi les grands ne jouent pas pareil que les enfants ? », Pierre Péju[4] répond que « lorsqu'ils jouent, les adultes, en principe, restent conscients du pas vrai » ; c'est une « distraction passagère ou pas sérieuse ». Car, comme le dit ce même auteur, pour eux, jouer, c'est se défouler, c'est se défier, c'est s'échapper de leur pauvre condition sociale ; je pense à un étudiant parlant des jeux en ligne ; il est un ancien joueur, plutôt « accro » à raison de 15 heures par jour ! Pour lui, jouer était fuir une réalité trop difficile... Il n'y a qu'à regarder le nombre de joueurs qui se ruent sur les jeux de hasard ; pour eux, c'est gagner, c'est aussi vaincre l'autre, contrairement à la démarche ludique des enfants.

Depuis le Siècle des Lumières, les hommes ont compris qu'un enfant n'est pas un adulte en miniature ; et pourtant, ils ne lui reconnaissent pas souvent le droit à jouer, même si celui-ci est inscrit dans les articles 4 et 7 de la Déclaration des Droits de l'enfant de 1959. Aussi, lorsque l'espace et le temps de jouer sont donnés à un enfant, celui-ci s'engage complètement dans cette activité qui est loin d'être seulement ludique.

Marie-Gabrielle Mathely, *Le Sociographe*, n° 41, 2013, p. 57-58.

1. Qui concerne l'acquisition des connaissances.
2. Médecin psychiatre d'enfants et psychanalyste français, né en 1930.
3. Il ne le détourne pas du droit chemin, de la morale.
4. Écrivain et professeur de philosophie, né en 1946.

Durée • 3 heures
Coefficient • 2,5

TEXTE 2

La journaliste Juliette Cerf, de l'hebdomadaire Télérama, *a interrogé le philosophe Mathieu Triclot, spécialiste du rapport de la société avec les jeux.*

Le jeu, sous toutes ses formes, n'a-t-il pas toujours été un mal-aimé ?

– Un enfant incapable de jouer, cela inquiète la société, qui associe jeu et éducation ; mais un adulte qui continue à le faire, cela dérange : il passe pour un attardé qui ferait mieux de travailler ! L'activité ludique adulte était déjà suspecte avant que le travail ne devienne la valeur centrale de nos sociétés. Quand au XVe siècle, à Florence, le moine dominicain Savonarole[1] brûle des objets sur la place publique, figurent des instruments de musique et des cartes à jouer. Le jeu est sacrifié sur le bûcher des vanités[2].

Indignité d'un côté, propre de l'homme de l'autre : cette tension caractérise-t-elle le jeu ?

– Aucune société, à ma connaissance, n'a fait du jeu son phénomène central. Jouer reste une activité sociale secondaire, résiduelle, logée dans les interstices[3]. Et pourtant, le jeu est une grande manière d'être et de devenir humain, une conduite anthropologique[4] fondamentale. « L'homme ne joue que là où dans la pleine acception de ce mot il est homme, et il n'est tout à fait homme que là où il joue », écrivait en 1795 Friedrich Schiller[5], l'un des premiers penseurs à donner au jeu ses lettres de noblesse. Dans *Homo ludens*, publié en 1938, l'historien néerlandais Johan Huizinga cherche même à démontrer que le jeu est au fondement de toute la culture. Son universalité dépasse le monde humain : que font les chats qui s'amusent avec des pelotes de laine ou les dauphins qui fabriquent et s'envoient des bulles d'air ? Jouent-ils ? Je crois pour ma part qu'il existe une continuité entre les jeux animaux et humains, fondée sur la mise en mouvement des corps, sur la vitesse et les émotions complexes qui en découlent. Le jeu engage le corps ; il est affaire de rythmes.

Entretien de Juliette Cerf avec Mathieu Triclot, *Télérama*, 20 décembre 2013.

1. Ce frère dominicain italien (1452-1498) prit le pouvoir à Florence et instaura un État théocratique totalitaire dans lequel les arts et les jeux furent pourchassés et détruits.
2. Ce qui est jugé par les partisans de Savonarole comme vain, illusoire, voire satanique.
3. Intervalles.
4. Propre à l'être humain.
5. Poète et philosophe allemand.

DOCUMENT

Affiche de l'UNICEF, campagne mondiale de 2014.

Compétences de lecture

10 POINTS

Ma démarche pour préparer les questions de lecture

- Sur les documents du corpus, **j'entoure** les sources, **je souligne** les mots-clés et les passages importants.
- **Je surligne** dans les consignes les mots essentiels.
- **Je repère** les éventuelles sous-questions.
- J'écris sous chaque question des éléments de réponse.
- **Je recopie** au propre mes réponses bien rédigées.

Comprendre et interpréter

1 TEXTE 1 Pour quelles raisons la famille de l'autrice et les adultes disent à l'enfant : « Arrête de jouer, va travailler ! » ? Qu'est-ce qui, au contraire, fait dire à Marie-Gabrielle Mathely que « le jeu c'est sérieux » ? 3 POINTS

- Pour la famille de M. G. Mathely et les adultes, jouer n'est pas sérieux, car... ....

....

....

....

- Pour l'autrice, au contraire, jouer est... ....

....

....

....

2 TEXTE 2 Précisez les arguments avancés par Mathieu Triclot pour démontrer que jouer est le propre de l'homme. 2 POINTS

....

....

....

....

....

3 DOCUMENT Expliquez comment cette affiche dénonce une situation et défend un droit. 2 POINTS

- Cette affiche dénonce une situation grâce à ....

....

....

- Cette affiche défend un droit : ....

....

....

....

Confronter

4 TEXTES ET DOCUMENT Présentez les idées communes à ces trois supports sur le jeu. 3 POINTS

....

....

....

....

....

....

10 POINTS

Compétences d'écriture

Certains affirment que le jeu est futile, d'autres qu'il est nécessaire. Et vous, qu'en pensez-vous ?

Vous répondrez à cette question dans une délibération structurée et argumentée, en vous aidant des documents du corpus, de vos lectures et de votre expérience personnelle.

Il sera tenu compte des qualités de la langue (orthographe, syntaxe, lexique...), de la cohérence et de la pertinence du propos, de la justesse des arguments, ainsi que de la mobilisation des éléments du corpus et des connaissances du candidat.

Ma démarche pour préparer la consigne d'écriture

- **Je souligne** dans le sujet les mots importants.
- **Je cherche** des éléments du corpus pour enrichir mes arguments et exemples.
- **Je complète** le plan du devoir à l'aide du schéma.
- **Je transforme** ma prise de notes en un texte correctement rédigé.

Pour construire votre plan

§ 1 **Introduction**

- Une phrase générale : ……………………………………………
- Reprise de la question posée : ……………………………………………

§ 2 – § 3

Thèse 1

Il est vrai que certains ……………………………………………

Arguments / exemples :

……………………………………………

Thèse 2 opposée

D'autres, au contraire, soutiennent que ……………………………………………

Arguments / exemples :

……………………………………………

§ 4 **Prise de position personnelle**

Pour ma part, j'estime que... ……………………………………………

§ 5 **Conclusion** *(en s'aidant éventuellement de citations)*

Pour conclure, si on peut reconnaître... ……………………………………………

on doit aussi admettre que... ……………………………………………

Évaluez-vous !

pdf Grille d'évaluation.
foucherconnect.fr/21fc16

Crédit photographique

3-h ph © JelleVanDerWolf / iStock Editorial / Getty Images Plus
3-b © Gallimard, collection Folio
4-h ph © CC BY-SA 4.0
4-b © Éditions Allia, 2002
5 ph © JelleVanDerWolf / iStock Editorial / Getty Images Plus
6 ph © Pascal Victor / ArtComPress / Bridgeman Images
8 © Pawel Kuczynski
10-h ph © Centre Pompidou, MNAM-CCI, Dist. RMN-Grand Palais / Philippe Migeat
10-h © Succession Jacques Hérold / Adagp, Paris 2021
© Succession André Breton / Adagp, Paris 2021
© Succession Wifredo Lam / Adagp, Paris 2021
10-b ph © Collection Bourgeron / Rue des Archives Collection Bourgeron
10-b © Adagp, Paris 2021
14 ph © Monkey Business – stock.adobe.com
17-hg ph © Marcello Mencarini / Leemage
17-hd © Gallimard, collection Folio
18 ph © Théo Giacometti / Hans Lucas
20 © Everybody on the deck / coll. Christophel
21 © Everybody on the deck / coll. Christophel
25 © Lycée Léonard de Vinci, Marseille
26-g ph © Jack Taylor / Getty Images via AFP
26-bd © 2017 Handicap International
26-h ph © moodboard – stock.adobe.com
29 ph © CC BY-SA 4.0
30 ph © Robert Doisneau / GAMMA RAPHO
32 ph © bennnn – stock.adobe.com
34 ph © Bridgeman Images
36 © Epic Games, Inc – jeu Fortnite
38-g ph © Patryssia – stock.adobe.com
38-d ph © monticellllo – stock.adobe.com – Développeurs : Firaxis Games, Aspyr – Éditeurs : Aspyr, 2K Games
38-b Doc. Dessins et modèle déposés – Illustrations Jack Koch – Édition 2016 © Jeux FK 2008
41 © Éditions Allia, 2002
42 ph © Edudh Vitaly – Stock.adobe.com
44 ph © YuliyaKirayonak – stock.adobe.com
45 ph © dietwalther – stock.adobe.com
48-A Coll. Christophel © MGM
48-B Coll. Christophel © Universal Pictures / Syalis DA / Legende Entreprises
48-C Coll. ChristopheL © Warner Bros / Legendary Entertainment / Green Hat Films
48-D Coll. Christophel © Shellac Sud
50 © Bellwood Health Services
53 ph © onuk – stock.adobe.com
53-mb ph © robu_s – stock.adobe.fr
53-hg ph © aleksandrsb – stock.adobe.fr
54-h ph © BnF, Dist. RMN-Grand Palais / image BnF
54-b ph © incomible / iStock / Getty Images Plus
55-g ph © Africa Studio – stock.adobe.com
55-mg ph © Sashkin – stock.adobe.com
55-md ph © Richard Soberka / hemis.fr
55-d ph © Robert Landau / Corbis Documentary / Getty Images
56 ph © akg-images
61 © UNICEF/UNI46648/Pirozzi

Couverture : ph © beeboys – stock.adobe.com

IMPRIM'VERT Votre imprimeur agit pour l'environnement

PAPIER À BASE DE FIBRES CERTIFIÉES

FOUCHER s'engage pour l'environnement en réduisant l'empreinte carbone de ses livres. Celle de cet exemplaire est de : 500 g éq. CO_2 Rendez-vous sur www.editions-foucher-durable.fr

NB/CL-VO

Achevé d'imprimer par L.E.G.O. S.p.A. - Lavis (TN) - Italie
Dépôt légal : 16187 - 4/01 - Avril 2021